SAMMLUNG GÖSCHEN BAND 1033

ATOMPHYSIK

von

DR. KARL BECHERT
ord. Professor an der Universität Mainz

DR. CHRISTIAN GERTHSEN †
ord. Professor an der Technischen Hochschule Karlsruhe

DR. ARNOLD FLAMMERSFELD
ord. Professor an der Universität Göttingen

BAND II

ALLGEMEINE GRUNDLAGEN, 2. TEIL

Vierte, umgearbeitete Auflage
Mit 47 Abbildungen

WALTER DE GRUYTER & CO.
vormals G. J. Göschen'sche Verlagshandlung J. Guttentag,
Verlagsbuchhandlung · Georg Reimer · Karl J. Trübner · Veit & Comp.

BERLIN 1963

Die Gesamtdarstellung umfaßt folgende Bände:

Archiv-Nr. 7741632

Satz und Druck: Walter de Gruyter & Co., Berlin 30
Printed in Germany

Inhalt des zweiten Bandes

§ 1. Licht als Quantenerscheinung

Photoeffekt. Wir behandeln zuerst den lichtelektrischen Effekt (Photoeffekt): Aus Materie irgendwelcher Art, die mit hinreichend kurzwelligem Licht bestrahlt wird, treten Elektronen (allgemeiner: Atom- oder Kernbestandteile) aus.

Zur Messung des lichtelektrischen Effektes an einem Metall bringt man dieses als Kathode K in ein evakuiertes Glasgefäß und stellt ihm eine (häufig netzförmige) Anode A gegenüber. Entweder sind Kathode und Anode über eine Batterie und ein empfindliches Galvanometer miteinander verbunden, oder an die Kathode ist ein Elektrometer E angeschlossen, während die Anode an den positiven Pol einer Batterie gelegt ist, deren negativer Pol geerdet wird. Durch die Glaswand oder ein aufgekittetes, für ultraviolettes Licht durchlässiges Quarzfenster läßt man auf die Metallplatte Licht fallen. Dann zeigt das Galvanometer einen der Intensität des auffallenden Lichtes proportionalen Photostrom an. Das Elektrometer (2. Schaltung) erhält nach Enterdung bei konstanter Lichteinstrahlung i (pro sec) eine der Zeit proportionale positive Aufladung, die auf einer Abgabe von Elektronen beruht. Die Zahl der ausgelösten Elektronen ist also der eingestrahlten Lichtmenge $i \cdot t$ proportional.

Wechselt man die Polung von K und A, so erhält das Elektrometer trotzdem eine positive Aufladung. Die Elektronen vermögen also gegen ein rücktreibendes Feld mit einer ihnen bei der Auslösung mitgegebenen Energie anzulaufen und auf A zu gelangen; erst nach Überschreiten einer Grenzspannung U_{Gr} reicht das Feld dazu aus, alle ausgelösten Elektronen zurückzubringen (Gegenfeldmethode zur Messung der Energie der Photoelektronen). Die Arbeit der

Gegenspannung am Elektron ist nach dem Energieprinzip gleich der kinetischen Energie des Elektrons beim Verlassen von K

(1) $$eU_{Gr} = E_{\text{kin}} = \frac{m}{2} v^2 .$$

Das Experiment lehrt, daß die Energie der Elektronen (und damit ihre Geschwindigkeit) von der Lichtintensität unabhängig ist (Lenard). Sie wächst aber mit abnehmender Wellenlänge, und zwar hängt die Grenzspannung U_{Gr} von der Freqeunz der auffallenden Strahlung genau linear ab; also

(2) $$U_{Gr} + B = C\nu .$$

Wir können wegen (1) umformen in

(3) $$E_{\text{kin}} + A = h\nu$$ (lichtelektrisches Gesetz, Einstein),

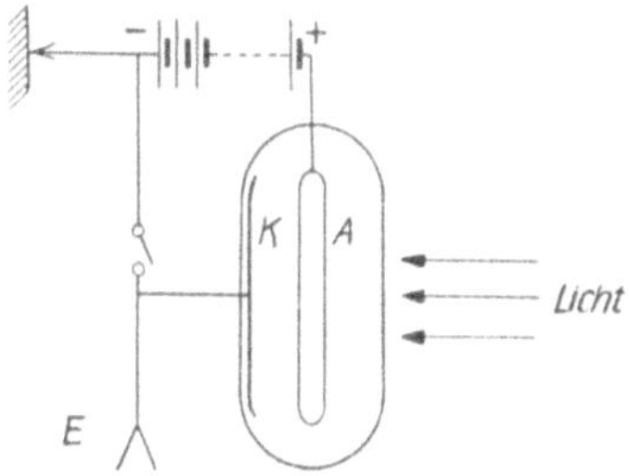

Abb. 1. Photozelle

wenn wir $eC = h$ und $eB = A$ setzen. Die Erfahrung zeigt, daß (3) für alle bestrahlten Körper, alle Arten emittierter Teilchen mit der gleichen Konstanten h gilt; h ist also eine universelle Konstante, sie heißt Plancksches Wirkungsquantum; h/e kann aus der Neigung der Geraden (3) bestimmt werden. h hat den Wert:

(4) $$h = (6{,}62517 \pm 0{,}00023) \cdot 10^{-27} \text{ erg sec} .$$

A ist immer > 0 und vom bestrahlten Körper und der Art der emittierten Teilchen abhängig. (3) ist eine Energiebilanz, wie man sieht, und zwar für das einzelne emittierte Teilchen. Die Lichtenergie ist in (3) durch $h\nu$ vertreten, denn E_{kin} gehört zum Teilchen und A ist von den Lichteigenschaften unabhängig. Also wird bei der Photoemission eines Teilchens die Lichtenergie $h\nu$ umgesetzt in $E_{\text{kin}} + A$. Wenn $h\nu < A$, ist die Emission erfahrungsgemäß Null; für $h\nu \geqq A$ ist $E_{\text{kin}} \geqq 0$; nur der Überschuß von $h\nu$ über A wird in kinetische Energie verwandelt. A ist offenbar als Ablösearbeit des Teilchens aus dem Atom oder Kern zu deuten, dem es vorher angehörte. Beim Photoeffekt an Metallen, wo die Elektronen im Innern frei beweglich sind (s. I, S. 34), bedeutet A die Ablösearbeit aus dem Metall. Die Ablösung eines Elektrons aus einem Atom (Ionisierung) braucht erfahrungsgemäß etwa 4 bis 24 Volt Energieaufwand (s. Abb. 16 S. 37), aus einem Metall gewöhnlich weniger (Größenordnung 1—5 eV).

Die gesamte Lichtenergie erscheint also aufgeteilt in einzelne Energiebeträge (Lichtquanten) $h\nu$; jedes Quant kann einen Einzelprozeß der Elektronenaustreibung hervorrufen. Große Strahlungsintensität bedeutet, daß viele Lichtquanten pro sec durch die senkrecht zur Strahlrichtung gedachte Flächeneinheit hindurchtreten. Die Proportionalität zwischen eingestrahlter Lichtmenge und austretender Elektronenzahl ist darnach selbstverständlich: Je mehr Lichtquanten ankommen, desto mehr Einzelprozesse werden ausgelöst.

Es ist von grundlegender Wichtigkeit, sich klar zu machen, daß die Wellenvorstellung hier in krassen Widerspruch zur Erfahrung gerät. Nach ihrer Meinung ist die pro sec auf die Flächeneinheit treffende Lichtenergie S (Poyntingscher Vektor) eine stetige Strömung von Energie; auf ein Atom vom Querschnitt σ trifft pro sec die Energie $S\sigma$. Nach der erfahrungsgemäß richtigen Gleichung (3) wird aber beim Einzelprozeß die Lichtenergie $h\nu$ umgesetzt; diese muß also aus der Strömung S stammen, die, weil sie eine stetige Strömung ist, eine gewisse Zeit τ braucht, bis sie $h\nu$ ins Atom geliefert hat. Also:

$$S\sigma\tau = h\nu. \tag{5}$$

Erst nach der Zeit τ ist nach dieser Auffassung Photoeffekt zu erwarten. Bei einer Intensität $S = 0{,}56$ erg/cm² sec und Einstrahlung mit dem Licht einer Hg-Lampe auf eine K-Oberfläche fand man, daß sofort (experimentell: nach höchstens 10^{-7} sec) nach Beginn der Bestrahlung Photoeffekt auftrat. Die Zeit τ ist aber hier, wenn wir als Wellenlänge $\lambda = 2{,}5 \cdot 10^{-5}$ cm annehmen und für σ den gaskinetischen Querschnitt von ungefähr $\pi \cdot 10^{-16}$ cm² einsetzen (kleineres σ vergrößert τ noch!):

$$\tau = \frac{6{,}6 \cdot 10^{-27} \cdot 3 \cdot 10^{10}}{2{,}5 \cdot 10^{-5} \cdot \pi \cdot 10^{-16} \cdot 0{,}56} = 4{,}5 \cdot 10^{4}\ \text{sec} \approx 12^1/_2\ \text{Stunden!}$$

Man müßte σ um den Faktor $4{,}5 \cdot 10^{11}$ größer machen, damit $\tau = 10^{-7}$ sec herauskäme; der Wirkungsquerschnitt des Atoms wäre dann $\pi \cdot 4{,}5 \cdot 10^{-5}$ cm² und der Radius dieser „Zielscheibe“ $\approx 0{,}07$ mm, müßte also mit bloßem Auge sichtbar sein!

In der Quantenauffassung hat τ eine einfache Bedeutung, aber eine andere als in der Wellenauffassung. In der Sprache der Lichtquanten bedeutet S einen Strom von N Teilchen pro sec durch den cm²; d. h. $S = Nh\nu$ (wir setzen wie bisher einfarbiges Licht voraus). $N\sigma$ ist die Zahl der Lichtquanten, die pro sec auf ein Atom treffen; also ist $1/N\sigma = \tau'$ die Zeit, die zwischen zwei „Lichtquantenstößen“ auf das Atom verstreicht, und es gilt:

$$\tau' = h\nu/S\sigma = \tau, \text{ nach (5).}$$

Beim vorigen Beispiel würde also ein bestimmtes Atom (im Mittel) alle $12^1/_2$ Stunden von einem Lichtquant getroffen werden. Während es nach der Wellenauffassung $12^1/_2$ Stunden d a u e r t, bis genügend Energie auf e i n Atom (und damit gleichzeitig auf alle Atome) geliefert worden ist, besteht die Lichtstrahlung nach der Quantenauffassung aus einem Hagel von Lichtquanten, die unmittelbar beim Auftreffen auf ein Atom den Photoprozeß auslösen können, die aber in unserem

Beispiel so dünn gesät sind[1]), daß im Mittel nur alle $12^1/_2$ Stunden ein Quant auf ein bestimmtes Atom trifft. Man sieht den Unterschied zwischen den Bildern stetiger Lichtströmung und quantenhafter Energiezusammenballung. Daß gleich nach dem Einsetzen der Bestrahlung Elektronen emittiert werden, liegt nach der Quantenauffassung daran, daß ungeheuer viele Atome da sind (im cm^3 ungefähr 10^{22} für K).

Durch die S. 6 genannte Ablösearbeit für Elektronen ist die langwellige Grenze der photoelektrischen Auslösung von Elektronen gegeben. Z. B. ist für Zn: $A = 4{,}25$ eV und daher:

$$(6) \quad h\nu_{\min} = A = 4{,}25 \text{ eV} = 4{,}25 \cdot 1{,}60 \cdot 10^{-12} \text{ erg},$$

$$\text{also } \lambda_{\max} = \frac{hc}{A} = 2{,}927 \cdot 10^{-5} \text{ cm} = 2927 \text{ Å};$$

$\lambda_{\max}$ liegt demnach für Zn im Ultravioletten. Die Ablösearbeit für Cäsium ist 1,93 eV mit einer langwelligen Grenze bei 6400 Å. Wenn man Cäsium in dünner Schicht auf ein Trägermaterial (z. B. Pt oder W) aufdampft, verschiebt sich die langwellige Grenze sogar bis ins nahe Infrarot (etwa 10000 Å).

Mit steigendem ν steigt E_{kin} nach (3) und überwiegt A bald um ein Vielfaches. Bei Röntgenfrequenzen kann man A vernachlässigen; z. B. ist das $h\nu$ der Wellenlänge $7 \cdot 10^{-9}$ cm gleich $2{,}8 \cdot 10^{-8}$ erg $= 1{,}8 \cdot 10^4$ eV; dies ist zugleich die Maximalenergie der erzeugten Photoelektronen. γ-Strahlung hat noch höhere Energie; mit ihr kann man sogar aus Atomkernen Teilchen „herausschlagen".

In Bd. I, S. 94, haben wir die Erzeugung von Röntgenlicht durch die Bremsung von Elektronen (z. B. in der Anode) besprochen. Das ist in gewissem Sinn eine Umkehrung des Photoeffekts. Die Lichtquantenvorstellung bewährt sich auch hier. Die kinetische Energie E_{kin} der Kathodenstrahlen wird

[1]) Es sind aber immer noch $7 \cdot 10^{10}$ Quanten pro sec auf den cm^2, wie man aus $S = Nh\nu$ findet!

in Lichtenergie umgesetzt; es muß also gelten: $E_{kin} = h\nu$. Da aber E_{kin} durch die beschleunigende Spannung U in der Röhre erzeugt wird, so ist nach dem Energiesatz:

$$eU = E_{kin} = h\nu \,. \tag{7}$$

Dabei ist aber zu bedenken, daß die Bremsung des Elektrons nicht auf einmal, mit der Ausgabe der ganzen kinetischen Energie in einem Lichtquant zu geschehen braucht, vielmehr auch in mehreren Schritten geschehen kann, wobei die einzelnen $h\nu$ dann kleiner als das $h\nu$ der Gl. (7) sein müssen. Das ν der Gleichung (7) ist demnach die größte Frequenz (ν_{max}), die bei gegebener Spannung U im „Bremsspektrum" der Röntgenstrahlen vorkommen kann; in der Tat bricht das Spektrum genau bei dieser Frequenz ab (Gesetz von Duane und Hunt). Die Durchdringungsfähigkeit der Strahlen (Härte der Röhre) wächst mit steigender Spannung. Da das Bremsspektrum kontinuierlich ist (es sind alle ν unterhalb ν_{max} vertreten), ist der Energieverlust durch Ausstrahlung bei der Bremsung in beliebigen Bruchteilen von eU möglich.

Eine einfache Formel zur Berechnung der Grenzwellenlänge folgt aus (7):

$$\lambda_{min} = \frac{12{,}34}{U} \cdot 10^{-8} \text{ cm } (U \text{ in Kilovolt}) \,.$$

Impuls der Lichtquanten, Compton-Effekt. Neben der I, S. 110 behandelten „klassischen" Streuung von Röntgenstrahlen gibt es eine von Compton entdeckte Streuung, die vorzugsweise an harten Röntgenstrahlen beim Durchgang durch Materie von geringem Atomgewicht beobachtet wird, bei der die gestreute Strahlung gegenüber der primären eine Zunahme der Wellenlänge erfährt, welche nur von dem Streuwinkel ϑ und nicht von der Wellenlänge λ abhängig ist. Wenn man eine monochromatische Röntgenstrahlung an einem Material aus leichten Atomen, z. B. Lithium, streut und die gestreute Strahlung röntgenspektroskopisch untersucht, so findet man (s. Abb. 2) neben der in der Wellenlänge unveränderten Linie eine zweite, deren Verschiebung zu größeren Wellenlängen umso größer ist, je größer der Streuwinkel ist.

Die Wilsonaufnahme Abb. 3, bei der ein harter Röntgenstrahl durch Luft hindurchgestrahlt wird, zeigt eine größere Zahl von Elektronen sehr kleiner Reichweite, deren Energie

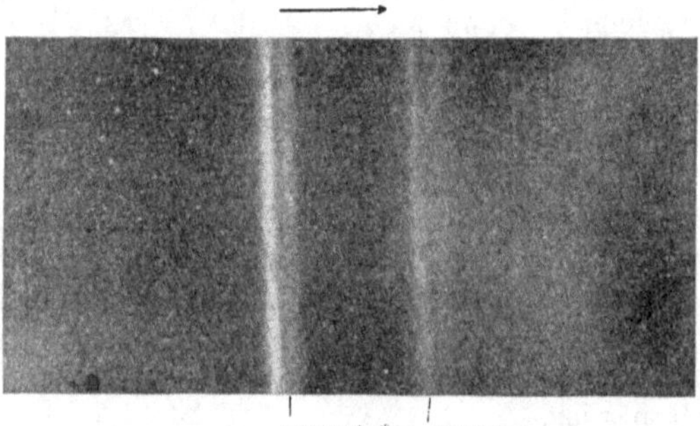

Abb. 2. Comptoneffekt. Charakteristische Röntgenstrahlung des Zinks (Zn $K\alpha_1, \alpha_2$) unter 95° an Lithium gestreut. (Nach Handbuch d. Physik, XXIII, 2. Teil, 2. Aufl., Berlin, Springer-Verlag)

nur ein geringer Bruchteil der Energie des Röntgenquantes $h\nu$ ist; (diese „Rückstoßelektronen" haben eine viel kleinere Reichweite als die von der gleichen Strahlung ausgelösten Photoelektronen). Während beim lichtelektrischen Effekt die Energie eines Lichtquants vollständig in andere Energieformen übergeht (vorzugsweise in die kinetische Energie des ausgelösten Elektrons), wird hier beim Comptoneffekt dem Lichtquant bei der Streuung nur ein Bruchteil seiner Energie entzogen und auf ein Elektron übertragen, und zwar, ähnlich wie beim Stoß zweier Massen, um so mehr, je größer die Ablenkung des Quants aus seiner primären Richtung ist.

In der Tat findet die korpuskulare Auffassung des Lichtes im Comptoneffekt ihre stärkste Stütze, wenn man den Lichtquanten neben der Energie auch einen Impuls zuordnet. Ein elektromagnetisches Feld kann Kräfte auf materielle Körper ausüben, also führt es Impuls mit sich. Denn faßt man die materiellen Körper und das Feld zu einem System zusammen, (auf das von außen keine Kräfte wirken), so muß der gesamte Impuls des Systems konstant bleiben, und weil der Impuls der materiellen Körper sich durch die Einwirkung des Feldes

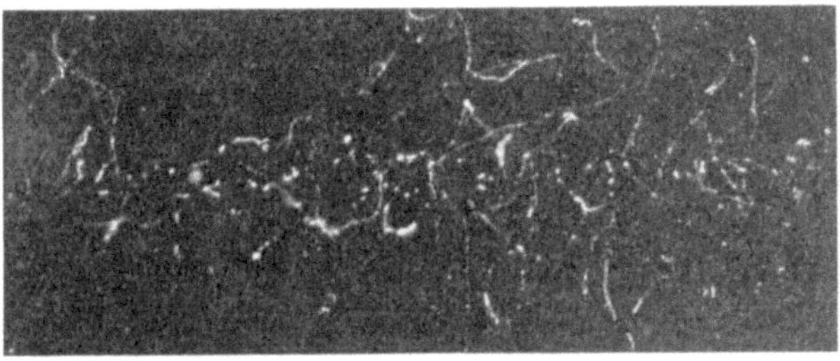

Abb. 3. Comptoneffekt. Die kurzen Bahnen entsprechen Rückstoßelektronen; der Röntgenstrahl kommt von links. (Nach Proc. Royal Soc. Ser. A 104, London 1923)

ändert, so muß das Feld Impuls übertragen haben. In der Elektrodynamik wird gezeigt, daß der Impuls $\mathfrak{g}$ des elektromagnetischen Feldes pro cm³ den Wert hat:

$$(8) \qquad \mathfrak{g} = \frac{\mathfrak{S}}{c^2}\,; \quad \mathfrak{S} = \text{Poyntingscher Vektor} = \frac{c}{4\pi}\,[\mathfrak{E}\mathfrak{H}]\,.$$

Für die Lichtquanten folgt daraus, daß sie Impuls haben, den wir jetzt berechnen wollen. Zunächst wissen wir, daß die Energie in einer fortschreitenden elektromagnetischen Welle im Vakuum mit der Geschwindigkeit c strömt, also laufen die Lichtquanten mit dieser Geschwindigkeit. Wenn jedes den Impuls p hat, so tragen N Lichtquanten pro sec durch den

cm^2 den Impuls Np und füllen damit das Volumen $c \cdot 1$, denn sie legen in der sec den Weg c zurück. (Vgl. die Betrachtung I, S. 10). Im Volumen 1 cm^3 ist also der Lichtquantenimpuls Np/c und das muß gleich $S/c^2 = Nh\nu/c^2$ sein. Daraus folgt: Die Lichtquanten $h\nu$ haben den Impuls

$$p = \frac{h\nu}{c} = \frac{h}{\lambda}\,; \tag{9}$$

sie laufen mit Lichtgeschwindigkeit in Richtung des Strahls.

Auf diese Weise läßt sich auch der Lichtdruck auf eine Wand quantenhaft umdeuten; er wird durch die Impulsübertragung des Lichtquantenhagels auf die Wand erzeugt. Vgl. die Betrachtungen zur kinetischen Deutung des Gasdruckes, I, S. 10!

Der Zusammenhang zwischen Energie $E = h\nu$ und Impuls $\mathfrak{p} = \frac{h\nu\mathfrak{c}}{c^2}$ der Lichtquanten ist aber genau derselbe wie bei materiellen Teilchen. Denn für ein solches gilt $\mathfrak{p} = m\mathfrak{v}$, und nach I, S. 35 $E = mc^2$. Setzen wir $mc^2 = h\nu$ und beachten, daß $\mathfrak{v}$ für Lichtquanten gleich $\mathfrak{c}$ ist, so folgt wirklich $\mathfrak{p} = \frac{h\nu}{c^2}\,\mathfrak{c}$. Der Impuls eines Lichtquants der Wellenlänge $\lambda = 5 \cdot 10^{-9}$ cm ist nach (9) gleich $1{,}3 \cdot 10^{-18}$ gcm/sec.

Wenn ein Quant auf ein materielles Teilchen trifft, so überträgt es Impuls. Nehmen wir den Impulserhaltungssatz für das Lichtquant als richtig an, so können wir den Stoß des Lichtquants nach den Stoßgesetzen der Mechanik behandeln, vgl. I, S. 57.

$\mathfrak{p}_L$, E_L seien Impuls und Energie des Lichtquants vor dem Stoß; $\mathfrak{p}_{L'}$, $E_{L'}$ nachher. Das gestoßene Teilchen habe vor dem Stoß hinreichend kleine Geschwindigkeit, so daß wir es als ruhend ansehen können; nach dem Stoß hat es $\mathfrak{p}$, E; seine Masse ist m, E_0 seine Ruhenergie. Dann gilt:

$$(10)\quad \begin{cases} \text{Impulssatz: } \mathfrak{p}_L = \mathfrak{p}_{L'} + \mathfrak{p}\,; \\ \text{Energiesatz: } E_L + E_0 = E_{L'} + E\,. \end{cases}$$

Zwischen $\mathfrak{p}$ und E besteht eine Beziehung, vgl. auch (13), I, S. 35, es ist nämlich:

$$(11)\quad c^2\mathfrak{p}^2 + E_0^2 = \frac{(m_0c^2\beta)^2}{1-\beta^2} + E_0^2 = \frac{E_0^2}{1-\beta^2}(\beta^2 + 1 - \beta^2) = E^2;$$

entsprechend für das Lichtquant[1]), wegen (9):

$$(12)\quad c^2\mathfrak{p}_L^2 = E_L^2\,.$$

Bringt man in (10) $\mathfrak{p}_{L'}$, $E_{L'}$ nach links, so folgt durch Quadrieren und Subtrahieren nach (11) und (12):

$$c^2(\mathfrak{p}_L - \mathfrak{p}_{L'})^2 - (E_L - E_{L'} + E_0)^2 = c^2\mathfrak{p}^2 - E^2 = -E_0^2\,;$$
$$-c^2(\mathfrak{p}_L\,\mathfrak{p}_{L'}) + E_{L'}\cdot E_L = E_0(E_L - E_{L'})\,.$$

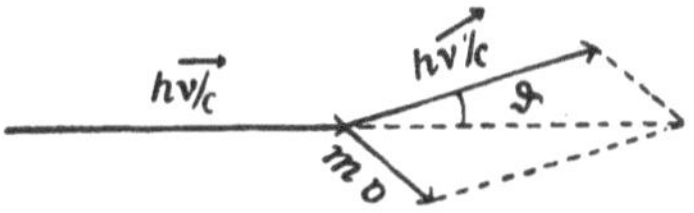

Abb. 4. Impulssatz beim Comptoneffekt

Das gibt nach Abb. 4 (ϑ = Ablenkungswinkel des Lichtquants):

$$(13)\quad h\nu\nu'\cdot 2\sin^2\frac{\vartheta}{2} = E_0(\nu - \nu')\,,$$

oder wegen $\nu = c/\lambda$:

$$(14)\quad \Delta\lambda \equiv \lambda' - \lambda = \frac{h}{m_0c}\cdot 2\sin^2\frac{\vartheta}{2}\,.$$

Die Länge

$$(15)\quad \lambda_C = \frac{h}{m_0c}$$

heißt Compton-Wellenlänge. Für ein Elektron hat sie den Wert: $\lambda_{C,El} = (2{,}42626 \pm 0{,}00002)\cdot 10^{-10}\,\text{cm} = (24{,}3111 \pm 0{,}0006)$ X-Einheiten (1 XE $= 0{,}998\cdot 10^{-11}$ cm). Für den

[1]) Lichtquanten können also formal als Teilchen mit der Ruhenergie Null betrachtet werden.

Ablenkungswinkel ψ des gestoßenen Teilchens findet man aus der Figur und aus (9), (13):

$$(16) \qquad \operatorname{tg} \psi = \frac{p_{L'} \sin \vartheta}{p_L - p_{L'} \cos \vartheta} = \frac{\lambda}{\lambda + \lambda_C} \cdot \operatorname{ctg} \frac{\vartheta}{2}$$

und für seine kinetische Energie nach (10):

$$(17) \qquad E_{\text{kin}} = E_L - E_{L'} = h\nu \cdot \frac{2\lambda_C \sin^2 \frac{\vartheta}{2}}{\lambda + 2\lambda_C \sin^2 \frac{\vartheta}{2}}.$$

E_{kin} wächst mit ϑ, ihr größter Wert entspricht $\vartheta = \pi$. Für $\lambda = 7 \cdot 10^{-9}$ cm wird dieser Höchstwert von E_{kin} ungefähr 10^3 eV, während dasselbe Licht durch Photoeffekt die sehr viel größere kinetische Energie von $1{,}8 \cdot 10^4$ eV erzeugen kann (vgl. S. 8). Daher sind die Photoelektronen sehr viel weiterreichend als die Comptonelektronen; man beachte auch, daß 10^3 eV hier der Maximalwert für die Elektronenenergie ist!

Die bemerkenswerteste Gleichung ist (14): Bei der Streuung des Lichtquants am Teilchen wird λ vergrößert, denn λ' ist immer $\geqq \lambda$. Die Zunahme der Wellenlänge hängt vom Winkel ϑ ab, unter dem das gestreute Lichtquant nach dem Stoß weiterfliegt; sie ist am größten für $\vartheta = \pi$, Rückwärtsstreuung, das Teilchen fliegt nach vorne mit der maximalen kinetischen Energie $h\nu \cdot \frac{2\lambda_C}{\lambda + 2\lambda_C}$; $\Delta\lambda$ hat dann den Wert $2\lambda_C$. Die Verschiebung hängt nicht von λ ab; d. h. der „Comptoneffekt" ist um so deutlicher, je kurzwelliger das Licht ist; für $\lambda < 2\lambda_C$ kann die Verschiebung größer als λ sein: Bei Streuung von hartem Röntgenlicht an Elektronen ist also deutlicher Comptoneffekt zu erwarten; für Streuung an Kernen liegt der entsprechende Bereich bei mindestens 2000mal kleineren Wellenlängen $\left(\text{vgl. das Verhältnis } \frac{m_{\text{H}}}{m_{\text{El}}}!\right)$.

Die Comptonlinie hat eine endliche Breite. Wären die Elektronen frei und in Ruhe, so wären die Voraussetzungen unserer Rechnung genau erfüllt, wir hätten dann eine ganz scharfe Linie ohne jede Breite zu erwarten. In Wirklichkeit sind die Elektronen an Atome gebunden und bewegen sich um den Kern. Der anfängliche Impuls des Elektrons kann sich zum anfänglichen Lichtquantenimpuls addieren oder von ihm subtrahieren, er kann auch schief dagegen stehen. An Stelle eines einzigen Wertes für ν' bekommt man so einen ganzen Wertebereich, der aber, wie die Comptonaufnahmen zeigen, recht gut definiert ist, was dafür spricht, daß die kinetischen Energien der Elektronen in den Atomen auch nur Werte innerhalb eines recht gut definierten Bereiches annehmen.

Nach der Theorie des Comptoneffekts müssen bei dem Elementarprozeß der Wechselwirkung zwischen Strahlung und Materie das gestreute Lichtquant und das Rückstoßteilchen gleichzeitig auseinanderfliegen. Der Nachweis dieser Gleichzeitigkeit wurde auf folgende Weise erbracht (Bothe und Geiger 1925): Ein Bündel harter Röntgenstrahlen wird durch Wasserstoff gestrahlt, welcher sich in einem Zähler („Elektronenzähler") als Füllgas befindet. Ein in ihm ausgelöstes Rückstoßelektron wird gezählt. Ein zweiter mit einer Platinfolie verschlossener „$h\nu$"-Zähler steht ihm gegenüber. In der Platinfolie können die gestreuten Quanten Photoelektronen auslösen, die dann im zweiten Zähler einen Impuls bewirken. Wegen der geringen Absorbierbarkeit der Quanten ist die Zahl der Impulse im $h\nu$-Zähler sehr viel geringer als im „Elektronenzähler". Aber bei quantitativem Zählen sollte doch mit jedem $h\nu$-Impuls gleichzeitig ein Impuls im Elektronenzähler beobachtet werden (Koinzidenz). Wenn das auch im Experiment nicht ganz erreichbar ist, so ist die Zahl der (photographisch registrierten) Koinzidenzen doch sehr viel größer, als bei völliger Unabhängigkeit der Impulse zufällig auftreten können. Weitere Versuche haben gezeigt, daß neben der zeitlichen auch die Richtungskoppelung von Photonen und Elektronen von der Theorie richtig angegeben wird, (Compton und Simon 1925, Bothe und Maier-Leibnitz 1936). Die große Bedeutung dieser Versuche liegt darin, daß sie nicht allein die Photonenvorstellung stützen, sondern daß sie den Beweis für die strenge Gültigkeit der Erhaltungssätze von Energie und Impuls für die Elementarprozesse der Wechselwirkung von Strahlung und Materie liefern.

Der I, S. 113 auf klassisch-elektrodynamischer Grundlage abgeleitete Wirkungsquerschnitt der Streuung an einem Elektron

$$\sigma_{El,0} = \frac{2}{3} \cdot 4\pi \cdot \left(\frac{e^2}{m_0 c^2}\right)^2 \tag{18}$$

ist für harte Strahlung zu groß. Nach Comptons Versuchen ist (18) im Röntgengebiet zu ersetzen durch

$$\sigma_{El} = \sigma_{El,0}(1 - 2\alpha), \tag{19}$$

wo $\alpha = \lambda_C/\lambda = h\nu/m_0 c^2$. Die Lichtquantenhypothese läßt keinen Schluß auf den Wirkungsquerschnitt für den Comptonprozeß und daher auch nicht auf den Streuabsorptionskoeffizienten zu. Die moderne Atomtheorie (Dirac) gibt nach einer Rechnung von Klein und Nishina

$$\begin{aligned}\sigma_{El} = \sigma_{El,0} \cdot \frac{3}{4} \left\{ \frac{1+\alpha}{\alpha^3} \left[\frac{2\alpha(1+\alpha)}{1+2\alpha} - \lg(1+2\alpha) \right] \right. \\ \left. + \frac{1}{2\alpha} \lg(1+2\alpha) - \frac{1+3\alpha}{(1+2\alpha)^2} \right\} \\ \approx \sigma_{El,0}\left(1 - 2\alpha + \frac{26}{5}\alpha^2 + \cdots\right)^{1)}.\end{aligned} \tag{20}$$

Diese Klein-Nishina-Formel vermag die Absorption der harten ThC''-γ-Strahlen in leichten Atomen befriedigend zu beschreiben.

---

[1]) Die Reihenentwicklung gilt für $\alpha < \frac{1}{2}$.

Paarbildung, Zerstrahlung. Bei der Absorption harter γ-Strahlen in schweren Elementen, z. B. in Blei, ist die beobachtete Absorption aber größer, es tritt noch eine zusätzliche Streustrahlung auf, die ohne Richtungsbevorzugung ausgestrahlt wird und deren Härte ebenfalls keine Winkelabhängigkeit zeigt (Meitner und Hupfeld, Gray und Tarrant). Die Intensität dieser Strahlung nimmt etwa mit Z^2 zu und wächst bei gleicher Ordnungszahl mit abnehmender Wellenlänge. Die Strahlung ist monochromatisch mit der Wellenlänge von etwa $2{,}4 \cdot 10^{-10}$ cm. $2{,}4 \cdot 10^{-10}$ cm ist aber gerade die Comptonwellenlänge (s. S. 13). Die Energie der ausgestrahlten Lichtquanten

$$h\nu = hc/\lambda_C = m_0 c^2$$

ist also gleich der einfachen Ruhenergie des Elektrons. Wir deuten diese Erscheinung folgendermaßen: Im Kraftfeld des Atomkerns kann die Energie der primären Quanten zur Bildung von je einem positiven und negativen Elektron („Zwilling") verwendet werden, welche nun den Rest der Energie $h\nu - 2m_0c^2$ als kinetische Energie mitbekommen. Die so erzeugten positiven Elektronen liefern dann bei „Vernichtung" (Zerstrahlung S. 20) die beobachteten Quanten der Energie m_0c^2.

Neben die Absorption durch Photoelektronenauslösung und Streuung tritt bei sehr harter Strahlung also noch die Absorption durch „Paarbildung".

Statt (9), I, S. 107, gilt dann

$$\mu = \tau_{\text{Phot}} + \tau_{\text{Compt}} + \tau_{\text{Paarb}}.$$

Ebenso wie für die Comptonstreuung kann auch der Wirkungsquerschnitt für die Paarbildung mit der Diracschen Theorie quantitativ berechnet werden (Heitler und Sauter 1932). Der Paarbildungsabsorptionskoeffizient ist der Dichte und dem Quadrat der Ordnungszahl der Absorbersubstanz proportional und wächst oberhalb der Schwellenenergie von $2m_0c^2 \sim 10^6$ eV stark mit der Photonenenergie an. Abb. 5

zeigt den Absorptionskoeffizienten für Blei als Funktion der Energie der Lichtquanten.

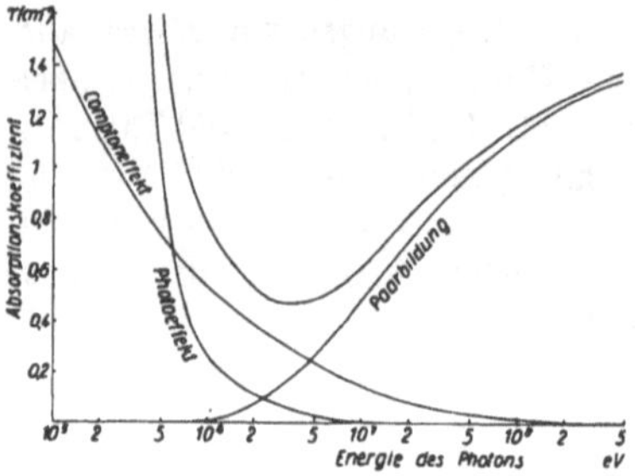

Abb. 5. Absorption harter γ-Strahlung in Blei (die nicht beschriftete Kurve gibt den totalen Absorptionskoeffizienten)

Man kann Elektronenzwillinge direkt im Wilsonbild festhalten. Eine eingehende Untersuchung hat gezeigt, daß diese Zwillingsbildung erst oberhalb einer γ-Quantenenergie einsetzt, die wirklich ausreicht, die Massen der Teilchen zu erzeugen. Nach I, S. 36 entspricht m_0c^2 511000 eV. Die Energie der Strahlung muß also über $1{,}02 \cdot 10^6$ eV liegen. Ihr Überschuß über diesen Wert ($h\nu$ für ThC″ entspricht $2{,}6 \cdot 10^6$ eV) ist in der Tat als Summe der kinetischen Energien beider Elektronen nachgewiesen worden[1]).

Die Energie $h\nu - 2m_0c^2$ kann sich in beliebiger Weise auf die beiden

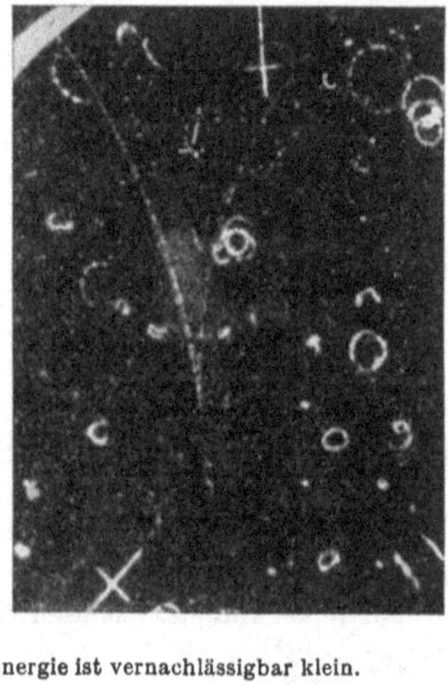

Abb. 6. Elektronenpaar in Luft ausgelöst durch Photon von 16,1 MeV. (Nach Bothe, Gentner und Maier-Leibnitz, „Atlas typischer Nebelkammerbilder", Verlag Springer, Berlin)

[1]) Die auf den Kern übertragene Energie ist vernachlässigbar klein.

Elektronen des Paars verteilen. Für kleinere Quantenenergien hat aber die Kurve, welche die Häufigkeit der Energieaufnahme eines der Elektronen als Funktion der übernommenen Energie darstellt, ein flaches, breites Maximum bei $E = \frac{h\nu - 2m_0c^2}{2}$.

Spektroskopie harter Röntgenstrahlung. Zur Messung der Wellenlänge von harten Röntgenstrahlen oder γ-Strahlen mit Energien wesentlich über 10^6 eV versagen die Methoden, bei denen Kristalle als Beugungsgitter verwendet werden. Es werden die Wellenlängen nicht nur sehr klein im Vergleich zu den Netzebenenabständen ($\lambda < 0{,}01$ Å), es geht auch der Wirkungsquerschnitt für klassische Streuung gegen Null.

Da beim lichtelektrischen Effekt die Energie der Photonen nach Abzug der Ablösearbeit in die kinetische Energie der ausgelösten Elektronen umgewandelt wird, gestattet deren Messung bei Kenntnis der Ablösearbeit die Berechnung der Frequenz und damit der Wellenlänge der Strahlung. Diese Energiemessung geschieht nach den üblichen Methoden der e/m-Messung, z. B. nach der fokussierenden Halbkreismethode (I, S. 30). An den Ort der Kathode bringt man eine dünne Folie, aus der die Elektronen durch die γ-Strahlung ausgelöst werden. Wenn aber bei großer Härte der Strahlung auch der Photoabsorptionskoeffizient sehr klein wird, verwendet man die Paarbildung in „Paarspektrometern", welche die Summe der Energien der Elektronen eines Paares zu messen gestatten.

Paarspektrometer nach Walker und McDaniel: Ein senkrecht zur Zeichenebene angebrachtes Magnetfeld $\mathfrak{H}$ lenkt die aus der Folie F ausgelösten Elektronen in Halbkreisen nach beiden Seiten, dort lösen sie Zählimpulse in Zählrohren aus, die in Reihen in der Folienebene angeordnet sind, s. Abb. 7. Durch eine elektronische Apparatur wird angezeigt, welche Zählrohre der linken und rechten Reihe gleich-

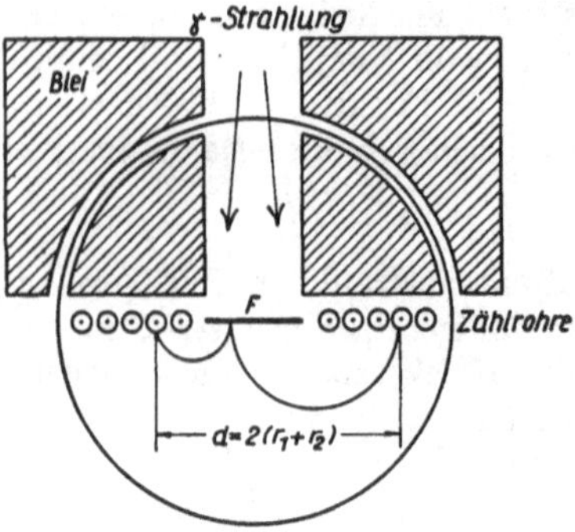

Abb. 7. Paarspektrometer nach Walker und McDaniel

zeitig ansprechen, so daß die Durchmessersumme d beider Kreisbahnen bekannt ist. Diese Summe bestimmt aber unabhängig von den zufälligen Werten von r_1 und r_2 die Energie des paarerzeugenden Quants: Die Energie eines energiereichen Elektrons einschließlich seiner Ruhenergie ist gleich Impuls p mal Lichtgeschwindigkeit:

$$E = mc^2 \approx pc$$

(bei einer Energie größer als $3{,}5 \cdot 10^6$ eV ist $\frac{v}{c} > 0{,}99$, der Fehler also kleiner als 1%). Die Energie des γ-Quants ist also

$$E_\gamma = (p_+ + p_-)\,c$$

oder nach (6), I, S. 29 (e in elektromagnetischen CGS gemessen):

$$E_\gamma = e(r_1 + r_2) \cdot c\,|\mathfrak{H}| = e \cdot \frac{d}{2} \cdot c \cdot |\mathfrak{H}|\,.$$

Das erzeugte positive Elektron besitzt in Materie eine sehr kleine Lebensdauer; durch Vereinigung mit einem negativen Elektron zerstrahlt es wieder, und dabei können nun entweder zwei Lichtquanten einer Energie von je m_0c^2 (Comptonwellenlänge) entstehen oder sehr viel seltener drei Lichtquanten mit zusammen der Energie $2m_0c^2$. Die Zerstrahlung kommt erst am Ende der Reichweite mit merklicher Wahrscheinlichkeit vor, also erst, wenn das Positron eine kinetische Energie kleiner als 30 eV hat. Es bildet sich ein Positron-Elektron-Atom (Positronium); dieses entspricht einem H-Atom, in dem der Kern, das Proton, durch ein Positron ersetzt ist. Wegen der „Spins" (IV, S. 47) der Elektronen, die sich entweder parallel oder antiparallel einstellen, unterscheidet man das Ortho- und das Parapositronium, die Lebensdauer des Orthozustandes (Dreiquanten-Zerstrahlung) beträgt $1{,}4 \cdot 10^{-7}$ sec, die des Parazustandes (Zweiquanten-Zerstrahlung) $1{,}2 \cdot 10^{-10}$ sec.

Die Zwillingsbildung widerspricht nicht dem Erhaltungssatz elektrischer Ladung, wenn man ihn, der Erfahrung gemäß, auf die Gesamtladung eines abgeschlossenen Systems anwendet.

Absorption und Emission atomarer Systeme. Seit den Versuchen von Bunsen und Kirchhoff weiß man, daß Atome

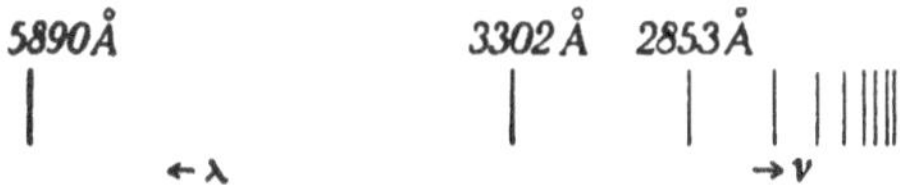

Abb. 8. Absorptionsspektrum des Natriums

und Moleküle aus auffallendem kontinuierlichem Licht, in dem also beliebige Frequenzen ν enthalten sind, nur solche Frequenzen absorbieren, die sie selbst (bei geeigneter Energiezufuhr) auch emittieren können. In der Lichtquantenauffassung bedeutet das: Das Lichtquant $h\nu$ kann vom Atom (oder Molekül) aufgenommen werden, wenn es eine geeignete Frequenz ν hat. Die innere Energie des Atoms nimmt dabei um $\Delta W = h\nu$ zu. Das Atom nimmt nicht beliebige Beträge ΔW auf, sondern nur ganz bestimmte, die für das Atom charakteristisch sind. Man kann eine Atomsorte ja an dem Spektrum erkennen, das sie aussendet oder absorbiert! Ist das Atom vor dem Zusammenstoß mit dem Lichtquant im Normalzustand kleinster Energie (Grundzustand) W_1, so wird es durch die Absorption in den Zustand höherer Energie

$$W_2 = W_1 + h\nu \tag{21}$$

gehoben („angeregt"). Dieser Prozeß ist von der Lichtstreuung (I, S. 110) völlig verschieden, hier wird das Lichtquant absorbiert und verschwindet gänzlich. Die Energie $W_2 - W_1$ wird im Atom als innere Energie aufgespeichert, nur ein vernachlässigbar kleiner Betrag des $h\nu$ wird nach dem Impuls-

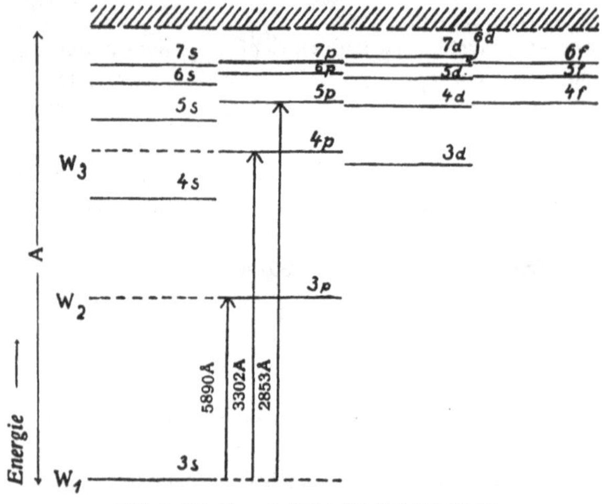

Abb. 9. Die Energiestufen des Natriumatoms

satz beim Stoß auf das Atom in kinetische Energie desselben verwandelt. Wir kommen so zur Vorstellung von bestimmten, um endliche Beträge voneinander verschiedenen (diskreten) Energieniveaus W_2, die über dem Grundzustand W_1 liegen ($W_2 > W_1$), und deren Lage bei jedem Atom anders ist. Aus dem Absorptionsspektrum kann man eine große Zahl solcher Zustände ablesen; wir geben als Beispiel das Absorptionsspektrum des Na und das zugehörige Niveauschema, in dem die Energien durch horizontale Striche angedeutet sind; W_1

ist der Grundzustand, die Energie wächst nach oben. Der Pfeil zwischen W_1 und W_2 in Abb. 9 entspricht der Absorptionslinie ganz links in der Abb. 8, usw.

Genau dieselben Linien kann das Atom bei Anregung (z. B. in der Geißlerröhre) auch aussenden. Wir können also die Pfeile in Abb. 9 auch umkehren und (21) als Erzeugungsgleichung für das emittierte Lichtquant lesen:

$$W_2 - W_1 = h\nu \,. \tag{22}$$

Wir formulieren allgemein (Bohr): Die Atome (und Moleküle) können nur gewisse, ihnen eigentümliche Energiebeträge als innere Energie aufnehmen. Dabei gilt, wenn W_n, $W_{n'}$ zwei der dem Atom „erlaubten" Energieniveaus sind, die „Frequenzbedingung":

$$W_{n'} - W_n = h\nu, \tag{23}$$

die zugleich für die Ausstrahlung der Atome maßgebend ist.

Daraus folgt aber weiter: Ist eine Reihe von Energieniveaus bekannt, etwa W_1, W_2, W_3, so müssen alle Differenzen zwischen ihnen möglichen Spektrallinien des Atoms entsprechen (Kombinationsprinzip, Ritz). Aus $W_2 - W_1 = h\nu_{21}$ und $W_3 - W_1 = h\nu_{31}$ kann man

$$W_3 - W_2 = h(\nu_{31} - \nu_{21}) = h\nu_{32} \tag{24}$$

berechnen. Die Beobachtungsmöglichkeit dieser so vorausberechneten Spektrallinie ν_{32} hängt aber noch davon ab, wie stark ihre Intensität ist, und darüber sagt die Frequenzbedingung nichts aus. Von den hier geltenden Intensitäts- und „Auswahlregeln" sprechen wir III, S. 61, IV, S. 84. Wenn die Linie aber auftritt, hat sie genau die vorausberechnete Frequenz.

Im Sinn der Frequenzbedingung ist auch der Photoeffekt am Atom eine Anregung desselben, und zwar mit so hohem Energiebetrag $h\nu = W_n - W_1$, daß das Atom ein Elektron verliert. $W_n - W_1 = A$ entspricht der Ionisierungsarbeit des

Atoms. Wenn $W_n - W_1 > A$, bekommt das ausgetriebene Elektron den Überschuß über A als kinetische Energie mit (Gl. (3), S. 5). In diesem Gebiet ist dem Atom kontinuierliche Energieaufnahme möglich, denn Photoelektronen können erfahrungsgemäß beliebige kinetische Energien haben. An die diskreten Energiewerte der Abb. 9, die qualitativ für alle Atome richtig ist, schließt sich also ein kontinuierliches Gebiet möglicher Energiewerte an.

Ramaneffekt. Was geschieht aber, wenn ein $h\nu$ auf das Atom (oder Molekül) eingestrahlt wird, das nicht zu den

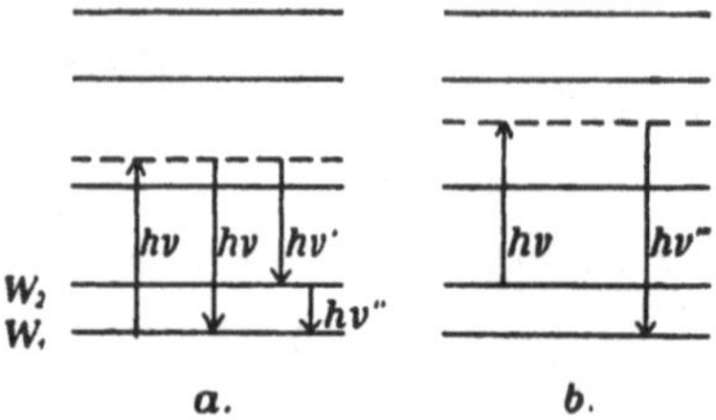

Abb. 10. Ramaneffekt

Energiedifferenzen des Atoms im Sinn der Frequenzbedingung paßt? Erfahrungsgemäß tritt dann vor allem gewöhnliche Lichtstreuung auf, die wir I, S. 110 besprochen haben. Im Bild der Lichtquanten bedeutet das: Das ankommende $h\nu$ wird aufgenommen und wieder ausgesandt; s. Abb. 10. Aber die Abbildung läßt noch eine andere Erscheinung voraussehen (Smekal): Das aufgefangene $h\nu$ kann in zwei Schritten ν', ν'' emittiert werden, so daß $h\nu = h\nu' + h\nu''$ und

$$(25) \quad h\nu' = h\nu - (W_n - W_1); \; h\nu'' = W_n - W_1 .$$

Dabei kann W_n irgendeines der Energieniveaus sein, für die $W_n - W_1 < h\nu$ gilt; s. Abb. 10! Im ausgesandten Licht (Streulicht) ist dann neben ν auch ν', ν'' zu finden, und zwar ist nach (25) $h\nu''$ eine Energiedifferenz des bestrahlten atomaren

Systems. Der Effekt (zuerst von Raman nachgewiesen) ist nur an Molekülen leicht nachweisbar, weil dort die Energiedifferenzen $W_n - W_1$ zum Grundzustand klein sind gegen das $h\nu$ des sichtbaren Lichtes (s. IV, § 5), und daher die Linien ν' im Spektrum ganz nahe am eingestrahlten ν liegen,

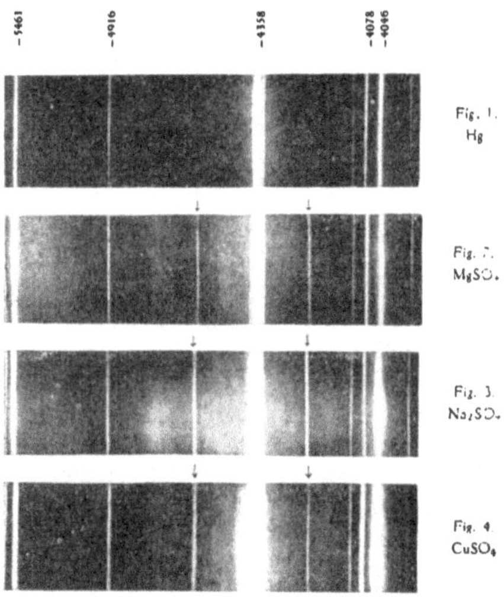

Abb. 11. Ramaneffekt an Sulfaten. (Nach Indian Journal of Physics, Vol. III)

und zwar auf der langwelligen Seite, wegen $\nu' < \nu$. Die ν'' liegen dann natürlich weit im Ultraroten. Entscheidend für die Erkennung der Ramanlinien ist, daß jedes eingestrahlte ν solche Begleiter im gleichen Abstand $\nu'' = \nu - \nu'$ haben muß, denn ν'' hängt nicht von ν ab, ist vielmehr für das bestrahlte Molekül charakteristisch. Als Beispiel diene das „Ramanspektrum" von $MgSO_4$, Na_2SO_4, $CuSO_4$; Hg-Licht wurde eingestrahlt. Beobachtet wird das Streuspektrum senkrecht zur Einstrahlrichtung. Oben das Hg-Spektrum, unten die „Raman-Spektren" mit den dazwischenliegenden Hg-Linien. Man sieht die „Begleiter" bei den Hg-Linien (in der Abb. durch Pfeile bezeichnet), ihre Abstände in der Frequenzskala sind in Tab. 1 angegeben, sie sind für alle 3 Sulfate praktisch gleich. Aber auch auf der kurzwelligen Seite findet man manchmal Begleiter, die lichtquantenmäßig vorauszusehen waren. Befindet sich nämlich das Molekül beim Auftreffen des $h\nu$ bereits im angeregten Zu-

Tabelle 1
Ramaneffekt von Hg-Linien am SO_4-Radikal

λ_{Luft} in Å	$\nu \cdot 10^{-10}$	λ' in Å	$\nu' \cdot 10^{-10}$	$\nu'' = \nu - \nu'$ $\cdot 10^{-10}$
4358,3	68766	4552,2	65838	2928
4046,5	74064	4213,7	71126	2938

stand (etwa W_2), so kann es die Energie $h\nu''' = h\nu + W_2 - W_1$ auf einmal ausstrahlen (Abb. 10b); wegen $\nu''' > \nu$ liegt diese Linie auf der kurzwelligen Seite von ν, sie hat von ν denselben Frequenzabstand wie ν'.

Der Ramaneffekt kann nach (25) zur Auffindung von Energieniveaus im Molekül dienen. Heute verwendet man ihn hauptsächlich zur Untersuchung der Struktur von Molekülen, s. IV, S. 104.

α-γ-Beziehungen bei radioaktiven Kernen. Die α-Strahlemission von ThC (Verzweigung nach ThC'', s. Tab. 5, I, S. 89), zeigt wie die mancher anderer α-Strahler eine Struktur: Es werden mehrere α-Strahlgruppen verschiedener, aber für die einzelne Gruppe konstanter Reichweite ausgesandt. Wir numerieren sie in der Reihenfolge abnehmender Energie mit $\alpha_1, \alpha_2, \ldots$ Es liegt nahe, anzunehmen, daß α_1 vom ThC-Kern zum normalen ThC''-Kern führt. Die Differenz der Energieinhalte der zwei Kerne ist eben die

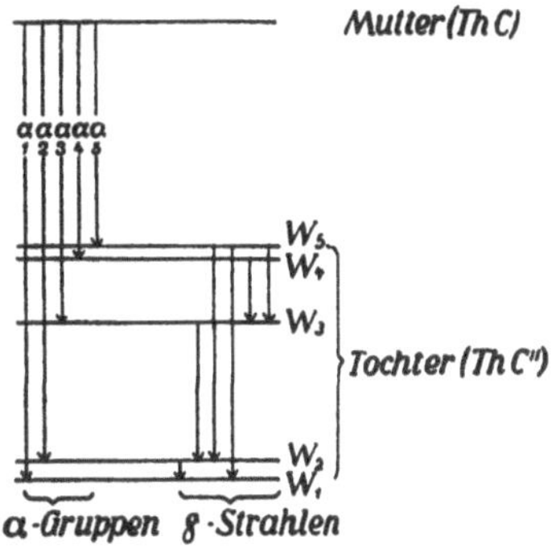

Abb. 12. Zusammenhang zwischen der Feinstruktur der α-Emission und dem γ-Strahlenspektrum radioaktiver Kerne

ausgesandte α-Strahlenenergie, s. Abb. 12. Der Rückstoß des ThC''-Kerns ist dabei mit in Rechnung zu setzen (E^0 sind die Ruhenergien):

(26) $$E^0_{\mathrm{ThC}} = E^0_{\mathrm{ThC''}} + E^0_\alpha + E_{\mathrm{kin},\alpha} + E_{\mathrm{kin,ThC''}}.$$

Die anderen Gruppen führen zu angeregten Zuständen des ThC''-Kerns. Die Energiedifferenz dieser angeregten Zustände gegen den Grundzustand kann der ThC''-Kern noch hergeben; er tut das erfahrungsgemäß in Form von γ-Strahlung, deren Frequenzen, wie zu erwarten, der Frequenzbedingung genügen. Vgl. Tab. 2.

Tabelle 2

Struktur der α-Gruppen von ThC

Gemessene Energiedifferenzen der α-Gruppen in KeV	Daraus berechnete weitere Differenzen in KeV	Beobachtete γ-Strahl-Energien $h\nu$ in KeV
$\alpha_1 - \alpha_2$: 40,3		39,8
$\alpha_1 - \alpha_3$: 328,1		328,0
$\alpha_1 - \alpha_4$: 472,8		473,0
$\alpha_1 - \alpha_5$: 492,1		493,2
	$\alpha_2 - \alpha_3$: 287,8	288,2
	$\alpha_2 - \alpha_5$: 451,8	453,0
	$\alpha_3 - \alpha_4$: 144,7	144,9
	$\alpha_3 - \alpha_5$: 164,0	163

Der Nachweis, daß die γ-Strahlen wirklich dem ThC'' und nicht dem Mutterelement ThC zugehören, kann prinzipiell aus den Energien der die Strahlung begleitenden sekundären β-Strahlen erbracht werden[1]). Diese kommen durch einen Photoeffekt der γ-Strahlen im emittierenden Atom selbst zustande. Der Energieunterschied einzelner β-Strahlengruppen, welche bei der Absorption gleicher γ-Quanten durch Auslösung von Elektronen verschieden starker Bindung entstehen, ist gleich der Differenz zweier Energieniveaus des Tochteratoms, die man aus dem Röntgenabsorptionsspektrum kennt (Näheres III, S. 54). Bei einigen Zerfallsprozessen konnte außerdem gezeigt werden, daß die gleichzeitig erregte charakteristische Röntgenstrahlung (s. III, S. 50) dem Tochteratom angehört.

Solche α-γ-Beziehungen sind auch bei anderen Kernen gefunden worden. Es sind also auch die Kerne nach dem Prinzip der diskreten Energiezustände aufgebaut und entsenden ihre Wellenstrahlung gemäß der Frequenzbedingung.

Bei radioaktivem Zerfall kommt es auch vor, daß einer der angeregten Zustände besonders langlebig ist, so daß er wie eine besondere Kernart erscheint. So sind die beiden „Kerne" UX_2 und UZ in der Uran-Radium-Reihe (Tab. 5, I, S. 88) in Wirklichkeit Zustände desselben Kerns, aber UX_2 ist ein besonders langlebiger angeregter Zustand. Von UX_2 ist der Zerfall zum neuen Element U II entweder direkt durch β-Emission möglich, oder durch Ausgabe eines Teiles der Energie in Form von γ-Strahlung, was dem Übergang aus einem angeregten Zustand in einen Zustand geringerer Energie desselben Kerns entspricht, und nachfolgendem Zerfall unter β-Emission mit dem gleichen Endergebnis U II. Die Kernzustände UX_2 und UZ heißen isomer.

Fassen wir unsere Betrachtungen über das Licht zusammen, so sehen wir: Es gibt Erscheinungen, für die das Bild stetiger Wellenstrahlung angemessen ist und andere, für die das Bild einer Lichtquantenströmung erforderlich scheint. Wir erinnern daran, daß mit demselben Röntgenlicht, das Interferenzbilder gibt, Comptoneffekt nachgewiesen werden kann! Mit einer bloßen Mechanik der Lichtquanten, wie sie durch die Impuls-Energie-Betrachtungen

[1]) Bei unserm Beispiel steht er noch aus.

von S. 12 nahegelegt wird, kommt man offenbar bei den Interferenz- und Beugungserscheinungen nicht aus. Denn nach der klassischen oder relativistischen Mechanik ist nicht einzusehen, warum beim Durchgang durch eine Blende die Lichtquanten bestimmte Richtungen bevorzugen und so die Beugungsfigur geben sollten. Es ist eben der Begriff der Phase lichtquantenmäßig nicht zu fassen.

Es bleibt also wohl kein anderer Ausweg als der, den die moderne Atomtheorie gegangen ist, nämlich dem Licht sowohl Wellen- als auch Quantennatur zuzuschreiben („Dualität des Lichtes"). Da aber diese beiden Beschreibungsarten nicht miteinander verträglich sind, so ist es die Aufgabe, den Gültigkeitsbereich dieser Beschreibungen gegeneinander abzugrenzen und eine einheitliche Beschreibung aller Lichterscheinungen zu geben. Davon wird am Ende von Band IV die Rede sein.

§ 2. Gleichwertigkeit von Masse und Energie

In I, § 3 lernten wir die Änderung der Elektronenmasse bei hohen Geschwindigkeiten kennen und wiesen darauf hin, daß dieser Effekt aus dem allgemeingültigen Äquivalenzprinzip von Masse und Energie zu folgern sei. Dieses Prinzip ordnet einer Masse m eine Energie vom Betrage mc^2 (c Lichtgeschwindigkeit) und umgekehrt einer Energie E eine träge Masse $\frac{E}{c^2}$ zu. Eine Energieänderung eines Systems zieht eine Massenänderung nach sich, derart, daß $\Delta m = \frac{\Delta E}{c^2}$. An Stelle der beiden Erhaltungssätze der Masse und der Energie, die sich in der klassischen Physik und in der Chemie bewährt haben, tritt ein einziger Erhaltungssatz für Masse oder Energie.

Nach diesem Prinzip muß bei einer exotherm verlaufenden chemischen Reaktion ein Massenverlust auftreten.

Bei der Knallgasreaktion wird eine Wärmemenge von 67,5 Cal pro Mol frei:

$$H_{2,\,\mathrm{Gas}} + \tfrac{1}{2}\,O_{2,\,\mathrm{Gas}} = H_2O_{\mathrm{Fl}} + 67{,}5\ \mathrm{Cal}.$$

Der Massenverlust ist also

$$\frac{67{,}5 \cdot 4{,}19 \cdot 10^{10}}{9 \cdot 10^{20}} = 3{,}1 \cdot 10^{-9}\ \mathrm{g}.$$

Auch die empfindlichsten Meßmethoden der Chemiker reichen nicht dazu aus, einen solchen Massenverlust am Reaktionsprodukt nachzuweisen.

Das Atomgewicht der Protonen beträgt 1,007593, das der Elektronen $5{,}48763 \cdot 10^{-4}$. Bei der Bindung des Elektrons an das Proton im Wasserstoff wird pro Mol die Energie $L \cdot 13{,}60$ eV $= 1{,}312 \cdot 10^{13}$ erg frei (s. III, S. 24). Der Massenverlust ist

$$\frac{13{,}1 \cdot 10^{12}}{9{,}0 \cdot 10^{20}} = 1{,}5 \cdot 10^{-8}\ \mathrm{g},$$

immerhin noch so klein, daß ein Unterschied zwischen dem Atomgewicht des Wasserstoffs und der Summe von Protonen- und Elektronen-Atomgewicht experimentell nicht feststellbar ist.

Einer Massenänderung von 0,001 g, die mit der heute erreichten Genauigkeit von Atomgewichtsbestimmungen sicher meßbar ist, entspricht eine Energieänderung von $9 \cdot 10^{17}$ erg oder $9 \cdot 2{,}39 \cdot 10^{-8+17}$ cal $= 2{,}15 \cdot 10^{7}$ Cal; das ist mehr als das $3 \cdot 10^{5}$fache der Wärmetönung der Wasserstoffverbrennung. Eine Umrechnung dieser Energie in eV gibt pro Atom etwa 10^{6} eV, genauer $(9{,}31141 \pm 0{,}00010) \cdot 10^{5}$ eV. Energieänderungen dieser Größenordnung kennen wir beim radioaktiven Zerfall. Aus dem ThC′ entsteht nicht nur ein Pb- und ein He-Atom, sondern das α-Teilchen trägt die Energie von $8{,}71 \cdot 10^{6}$ eV entsprechend $9{,}4 \cdot 10^{-3}$ Masseneinheiten fort. Die Summe der Atomgewichte des entstehenden Bleiatoms und Heliumatoms soll also um diesen

Betrag kleiner sein als das Atomgewicht des ThC′. Die massenspektroskopischen Messungen von schweren Atomen sind mit einer Ungenauigkeit von etwa 0,010 Masseneinheiten, d. h. $10 \cdot 10^6$ eV behaftet, die Genauigkeit reicht also leider nicht aus, um den Energieverlust eines zerfallenden radioaktiven α-Strahlers aus der Differenz der Massen von Mutteratom und Tochter- + He-Atom zu berechnen. Es steht jedoch fest, daß in einer Zerfallsreihe, z. B. vom Thor bis zum ThD (Blei), die Differenz der Atomgewichte $A_{\mathrm{Th}} - A_{\mathrm{ThD}}$ erheblich größer ist als die Summe der Atomgewichte der in der Zerfallsreihe emittierten α- und β-Teilchen $(6 A_\alpha + 4 A_\beta)$.

Bei der Beschießung wasserstoffhaltiger Substanzen mit langsamen Neutronen (s. I, S. 41) beobachtet man eine durchdringende γ-Strahlung, deren Quantenenergie $h\nu$ aus der Absorbierbarkeit der von ihr ausgelösten Elektronen zu $2{,}2 \cdot 10^6$ eV bestimmt werden konnte. Wir ordnen diese Ausstrahlung der Vereinigung eines Neutrons und eines Protons zum Deuteron, dem Kern des schweren Wasserstoff-Isotops zu. Dann sollte das Atomgewicht des Deuterons um $2{,}4 \cdot 10^{-3}$ Masseneinheiten geringer sein als die Summe der Massenzahlen von Proton und Neutron. Mit den Werten aus der Tabelle Bd. I, S. 4 erhalten wir[1]):

$$
\begin{aligned}
{}^1_1\mathrm{H} + {}^1_0\mathrm{n} - {}^2_1\mathrm{D} &= 1{,}008142 + 1{,}008982 - 2{,}014735 \\
&= 2{,}389 \cdot 10^{-3},
\end{aligned}
$$

Fehlergrenzen: $\pm 0{,}012 \cdot 10^{-3}$. Der gemessene Massendefekt ergibt hier also wirklich die beobachtete „Wärmetönung" (Ausstrahlung einer sehr harten Wellenstrahlung).

Die Untersuchung der Massendefekte bei Kernumwandlungen ist ein zuverlässiges Kontrollmittel für die dem Kernprozeß zugrunde gelegte Deutung.

---

[1]) Bei der Berechnung ist es zweckmäßig, statt der Atomgewichte von Proton und Deuteron die Atomgewichte des Wasserstoff- und Deuteriumatoms zu verwenden. Der Unterschied von je einer Elektronenmasse fällt ja bei der Differenzbildung heraus.

Bei der Beschießung von Li mit Protonen beobachtet man sehr energiereiche α-Strahlen einer Reichweite von 8,4 cm in Luft von Atmosphärendruck. Wir deuten die Reaktion nach folgender Gleichung:

$$ {}^{7}_{3}\mathrm{Li} + {}^{1}_{1}\mathrm{H} \rightarrow 2\,{}^{4}_{2}\mathrm{He} + \Delta m ; $$
$$ 7,01822 + 1,00814 = 2 \cdot 4,00390 + 0,01856 . $$

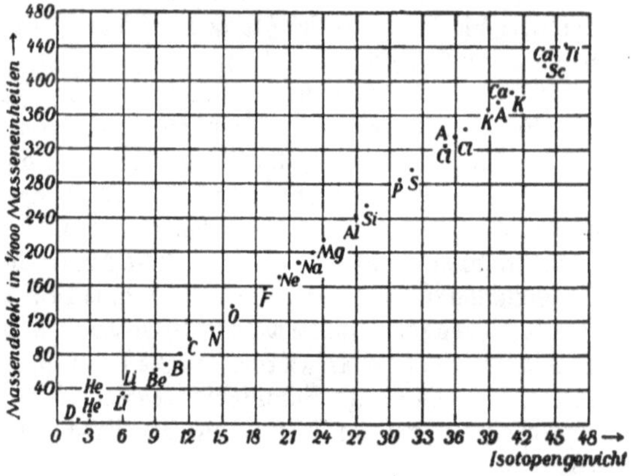

Abb. 13. Massendefekt der Kerne zwischen Wasserstoff und Titan

Dieser Massendefekt entspricht einer Energie von $(17,3 \pm 0,1) \cdot 10^6$ eV. Nun besitzt ein α-Teilchen von 8,4 cm Reichweite (nach dem Geigerschen Reichweitengesetz I, S. 67) eine Energie von $8,6 \cdot 10^6$ eV. Die Energie, die beide α-Teilchen mit sich führen, reicht also aus, um den Unterschied der Massen der linken und rechten Seite der Gleichung zu decken. (Das Massenäquivalent der Protonenenergie, welches von der Größe 10^{-4} bis 10^{-5} Masseneinheiten sein kann, ist bei der Rechnung vernachlässigt.) Die Deutung der Reaktion wird noch durch die Beobachtung mit der Wilsonkammer bestätigt, daß die beiden α-Teilchen praktisch nach entgegengesetzten Richtungen auseinanderfliegen und gleiche Reichweite haben, wie es nach dem Impulssatz sein muß, wenn der Protonenimpuls gegenüber dem Impuls der α-Teilchen vernachlässigbar ist.

Nach der Entdeckung der Isotope ergab sich das Atomgewicht aller Atomarten als nahezu ganzzahlig. Die alte Proutsche Hypothese, nach der alle Atome aus Wasserstoff aufgebaut sein sollten, wird heute durch die Annahme ersetzt, daß die Atomkerne aus Protonen und Neutronen bestehen. Ein Atom vom Atomgewicht A und der Ordnungszahl Z enthält demnach Z Protonen und $A-Z$ Neutronen. Die Zusammenlagerung dieser Elementarbestandteile ergibt eine Energie, die wir aus dem Unterschied der Massen der Einzelteilchen und der des Kerns, dem Massendefekt, errechnen. In der Abb. 13 sind die in $^1/_{1000}$ Masseneinheiten, d. h. $0{,}93 \cdot 10^6$ eV ausgedrückten Energieinhalte einer Reihe von Atomkernen als Funktion des Atomgewichts dargestellt. Die Bindungsenergien der Atomkerne sind also sehr groß. Sie wachsen, ohne daß einzelne Kerne deutlich aus der Reihe fallen, nahezu der Teilchenzahl proportional an, um Werte von der Größenordnung von 1 Millarde eV oder 20 Billionen cal/Mol zu erreichen.

Zu jedem Z gibt es nur einen ziemlich schmalen Bereich der für stabilen Kernbau zulässigen Atomgewichte, zu jeder Protonenzahl Z also einen schmalen Bereich der Neutronenzahlen $A-Z$. Bei leichten Kernen liegt der Bereich um die Gerade $Z = A - Z$, d. h. $A = 2Z$ (s. I, S. 113), wenn wir Z als Funktion von $A-Z$ aufgetragen denken; hier sind ebensoviel Protonen wie Neutronen im Kern. Bei schwereren Kernen entfernt sich der Bereich stabiler Kerne immer mehr von dieser Geraden in Richtung größerer Neutronenzahl; es ist dort $Z < A - Z$, d. h. $A > 2Z$ (vgl. die Atomgewichte in Tab. 4, I, S. 80). Trägt man in der eben erwähnten Weise Z als Funktion von $A-Z$ auf, so liegen die stabilen Kerne längs einer schmalen Straße, die nach rechts oben steigt. Entsteht bei einer Kernreaktion ein Kern, der abseits dieser Straße liegt, so sucht er sie durch geeignete Umwandlung wieder zu erreichen. Liegt er rechts der Straße, so hat er ein höheres Atomgewicht als ihm zuträglich ist, also für seine Protonenzahl zu viel Neutronen. Durch Umwandlung eines Neutrons in ein Proton fällt $A - Z$ um 1 und steigt Z um 1, der Kern bewegt sich nach links oben auf die Straße zu; die Umwandlung bedeutet aber Aussendung eines Elektrons. Liegt der Kern links der Straße, so hat er zu viel Protonen. Durch Umwandlung eines Protons in ein Neutron steigt $A - Z$ um 1 und fällt Z um 1, der Kern bewegt sich nach rechts unten auf die Straße zu; die Umwandlung bedeutet Aussendung eines Positrons. Kerne mit zuviel Neutronen werden daher unter β^--Emission zerfallen, Kerne mit zuviel Protonen unter Positronen-Emission. Die künstlich radioaktiven Kerne genügen dieser Regel.

In noch überraschenderer Form tritt uns das Äquivalenzprinzip bei solchen Vorgängen entgegen, bei denen die Energie der Strahlung zum Teil oder vollständig zur Erzeugung von neuen Elementarteilchen (positiven und negativen Elektronen, „Materialisation" von Strahlung) verbraucht wird, oder bei denen diese Elementarteilchen durch Vereinigung ihre Masse vollständig in Strahlung verwandeln („Vernichtungsstrahlung"). Näheres S. 17. Die Materialisation von Strahlung liefert in ihrer Energiebilanz auch einen direkten Beweis dafür, daß den beiden Teilchen Ruhenergie im Gesamtbetrag von $2m_0c^2$ zukommt.

§ 3. Stoß mit Anregung

Die Deutung der Emission und Absorption des Lichtes führte zur Annahme von diskreten Energieniveaus W_n im Atom (S. 22). Wie vollzieht sich die Energieaufnahme der

Atome, wenn die Energie in anderer Form als der von Strahlung zugeführt wird?

1. Elektronenstoß. Wir betrachten den Stoß von Elektronen gegen Atome. Die Bremsung eines Elektrons hoher Geschwindigkeit beim Durchgang durch Materie ist im wesentlichen auf Anregung oder Ionisation der durchquerten Atome zurückzuführen. Da in jedem Einzelprozeß die abgegebene Energie sehr klein ist, erscheint uns die Energieabnahme stetig, wir gelangen zu Aussagen über die Geschwindigkeitsabnahme auf dem Wege Δx durch die Materie von der Form: $v_0^4 - v^4 = a_1 \Delta x$ (Whiddingtonsches Gesetz; es entspricht dem Geigerschen Reichweitengesetz für α-Strahlen, welches $v_0^3 - v^3 = a_2 \cdot \Delta x$ geschrieben werden kann, I, S. 67). Man kann nun auf zweierlei Wegen über die Elementarprozesse der Energieübertragung Aufschluß erhalten:

a) Aus Versuchen, bei denen man das Auftreten sprunghafter Veränderungen am gestoßenen Teilchen in Abhängigkeit von der Energie des stoßenden Elektrons beobachtet (Ionisation und Lichtanregung). Schon 1902 beobachtete Lenard, daß ganz langsame Elektronen nicht imstande sind, Gasatome (bzw. Moleküle) zu ionisieren. Lichtelektrisch aus einer Zinkplatte ausgelöste Elektronen wurden durch eine von Null ansteigende Spannung zwischen K und E beschleunigt und liefen in einen Stoßraum, der Hg-Dampf enthielt (Abb.14); erst oberhalb von 10 Volt begann der im Stoßraum angebrachte, auf negativer Spannung gehaltene Ring R positive Ladungen zu sammeln. Wie aus Abb. 15 ersichtlich, setzt nun die Ionisation mit wachsender Elektronengeschwindigkeit steil ein. Die Abtrennung eines Elektrons von einem Atom geschieht also erst beim Stoß solcher Teilchen, welche einen Mindestbetrag von kinetischer Energie besitzen. Wir folgern in Übereinstimmung mit dem optischen Ergebnis, daß das abzulösende Elektron am Atom mit einer bestimmten Energie gebunden ist und daß erst die Zufuhr dieses Energiebetrages dem Elektron den Austritt aus dem Atom ermöglicht. Diese Energie ist dem Atom nicht in Teilbeträgen, etwa durch Häufung vieler Stöße von Elektronen

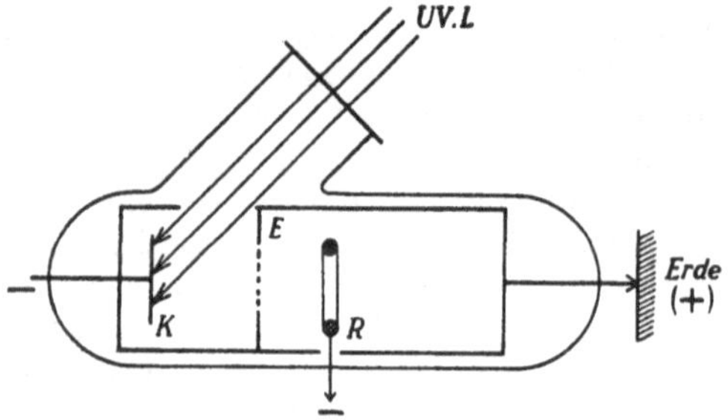

Abb. 14. Röhre zur Messung der Ionisierungsspannung nach Lenard

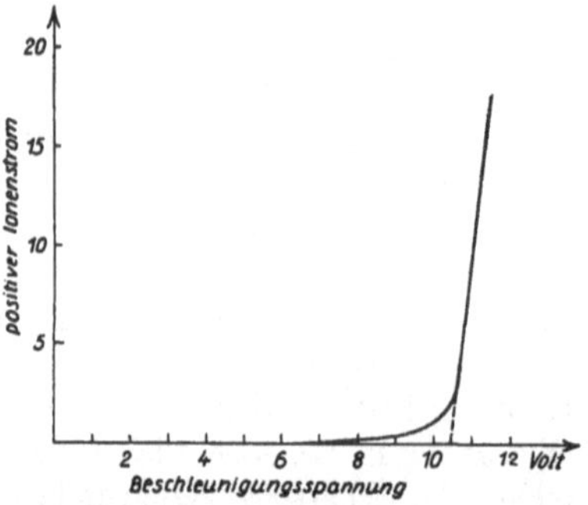

Abb. 15. Einsatz der Ionisation im Quecksilberdampf. (Versuchsanordnung s. Abb. 14)

(bei großer Stromstärke), zuführbar. Wie bei dem lichtelektrischen Effekt das absorbierte Lichtquant eine Energie $h\nu \geqq A$ besitzen muß, um ein Elektron auszulösen, muß beim Elektronenstoß das stoßende Elektron ebenfalls eine Energie $mv^2/2 \geqq A$ besitzen: Auch hier geht der Energieaustausch quantenhaft vor sich. Die Messung der Ionisierungsarbeit A durch Elektronenstoß ist wesentlich einfacher, aber ungenauer als ihre Bestimmung aus dem Spektrum. In Abb. 16 sind für eine Reihe von Atomen und

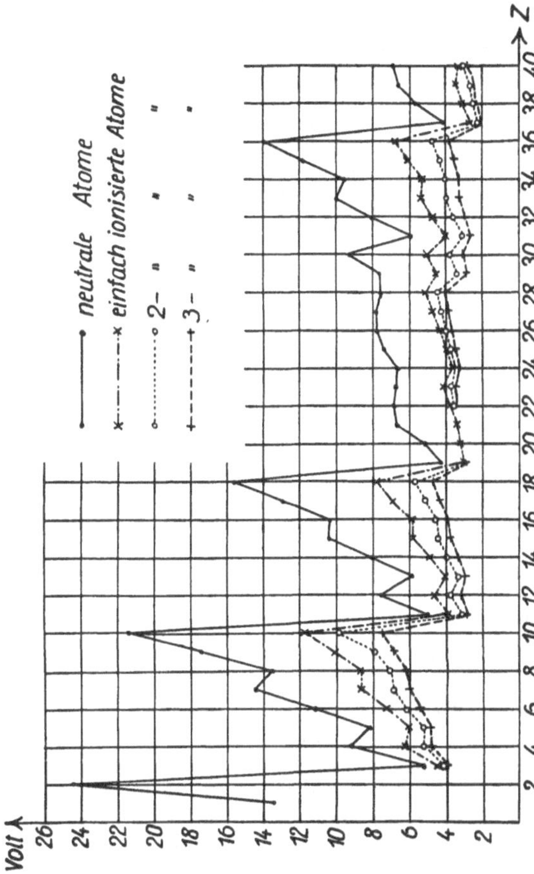

Abb. 16. Ionisationsspannungen der Elemente zwischen Wasserstoff und Zirkon und ihrer Ionen. Siehe Text auf Seite 38.

In Abb. 16 sind aufgetragen bei

Z	neutral	+	++	+++	Z	neutral	+	++	+++
1	H				21	Sc	Ti	V	Cr
2	He				22	Ti	V	Cr	Mn
3	Li	Be	B	C	23	V	Cr	Mn	Fe
4	Be	B	C	N	24	Cr	Mn	Fe	Co
5	B	C	N	O	25	Mn	Fe	Co	Ni
6	C	N	O	F	26	Fe	Co	Ni	Cu
7	N	O	F	Ne	27	Co	Ni	Cu	Zn
8	O	F	Ne	Na	28	Ni	Cu	Zn	Ga
9	F	Ne	Na	Mg	29	Cu	Zn	Ga	Ge
10	Ne	Na	Mg	Al	30	Zn	Ga	Ge	As
11	Na	Mg	Al	Si	31	Ga	Ge	As	Se
12	Mg	Al	Si	P	32	Ge	As	Se	Kr
13	Al	Si	P	S	33	As	Se	Kr	Rb
14	Si	P	S	Cl	34	Se	Kr	Rb	Sr
15	P	S	Cl	A	36	Kr	Rb	Sr	Y
16	S	Cl	A	K	37	Rb	Sr	Y	Zr
17	Cl	A	K	Ca	38	Sr	Y	Zr	Nb
18	A	K	Ca	Sc	39	Y	Zr	Nb	Mo
19	K	Ca	Sc	Ti	40	Zr	Nb	Mo	Tc
20	Ca	Sc	Ti	V					

Ionen die Ionisierungsspannungen angegeben[1]); für die einfach ionisierten Atome sind die empirischen Werte durch 4 geteilt worden, für die zweifach ionisierten durch 9, für die dreifach ionisierten durch 16.

Die älteste Methode der quantenhaften Lichtanregung stammt von Gehrcke und Seeliger (Abb. 17). Ein Elektronenstrahl wird von einer Glühkathode G aus schräg durch ein Netz N geschickt und tritt nun in das homogene Feld zwischen N und P, in welchem er zu einer Parabel gekrümmt wird. P ist negativer als G und der Betrag der Potentialdifferenz U_2 zwischen N und P größer als die Spannung U_1

[1]) Sie sind aus den Seriengrenzen durch Multiplikation mit dem Umrechnungsfaktor von cm^{-1} auf eV gewonnen; vgl. III, S. 48, und die Tabelle der Fundamentalkonstanten (I, S. 4).

zwischen N und G. Die Apparatur ist mit einem sehr verdünnten Gas gefüllt. Die Anregung verschiedener Frequenzen der Gasatome beobachtet man an dem mehrfachen, scharf abgesetzten Farbumschlag längs der Elektronenbahn. Bei geeignet gewähltem U_1 erreicht man, daß ein Stück am Scheitel der Parabel nicht leuchtet; hier reicht die Energie der Elektronen nicht aus, um das Atom vom Grundzustand in den ersten angeregten Zustand überzuführen. Der oberste leuchtende Teil

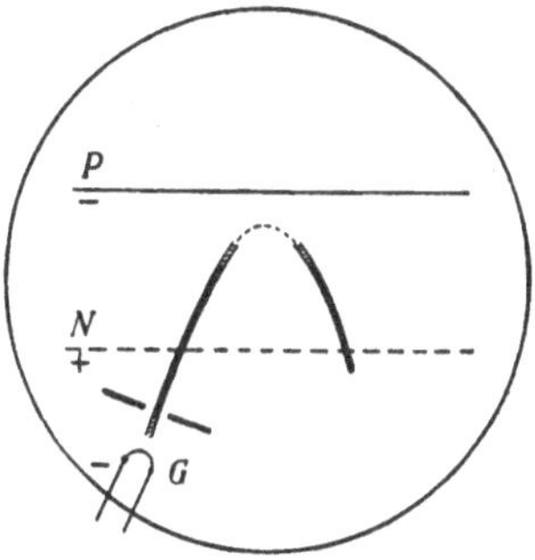

Abb. 17
Lichtanregung durch Elektronen, nach Gehrcke und Seeliger

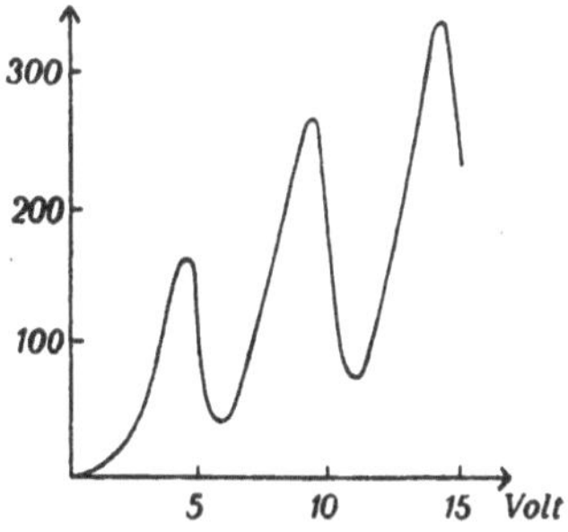

Abb. 18. Nachweis der Energieverluste von Elektronen im Hg-Dampf, nach Franck und Hertz

der Parabel strahlt im allgemeinen Licht von nur einer Wellenlänge aus. In ihm wird das Atom in den ersten, aber noch nicht in den zweiten, angeregten Zustand versetzt usw. An diesen Versuch schließen eine große Zahl von Verfahren an, die Anregungsspannungen einzelner Spektrallinien durch Variation der Geschwindigkeit der stoßenden Elektronen zu ermitteln (Rau, Franck, Hertz usw.). Sie reichen von der Anregung sichtbarer Linien bis zur Anregung der Linien des charakteristischen Röntgenspektrums (s. III, S. 50).

b) Die Energie der Anregungsstufen kann man aber auch aus dem Energieverlust der stoßenden Elektronen bestimmen. In einem evakuierten, zylindrischen Rohr aus

Platin befindet sich in der Achse ein Glühdraht G; Anode ist ein Netz N, welches sich dicht vor der Wand W befindet und gegen W positiv geladen ist (Potentialdifferenz $\approx {}^1/_2$V). Im Rohr befindet sich Quecksilberdampf mit einem Dampfdruck von einigen mm Hg. Zwischen G und N beschleunigte Elektronen werden also zwischen N und W wieder gebremst, können aber in diesem Feld nur zurückgebogen werden, wenn ihre Energie kleiner als ${}^1/_2$ eV ist. Der Strom zwischen G und W als Funktion der Beschleunigungsspannung zwischen G und N ist in Abb. 18 dargestellt. Mit steigender Spannung wächst der Strom zunächst an, wie bei jedem Zwei-Elektrodenrohr infolge der besseren Überwindung der Raumladung durch höhere elektrische Felder. Sobald aber die Beschleunigungsspannung die Anregungsspannung der Hg-Atome überschritten hat, nimmt die Zahl der auf W fließenden Elektronen stark ab, die anregenden Elektronen verlieren ihre kinetische Energie und vermögen nun nicht mehr das Gegenfeld zwischen N und W zu überwinden. Mit wachsender Spannung aber speichern die durch Stoß verlangsamten Elektronen wieder Energie auf, und man findet bei hinreichend hohem Gasdruck, also genügend großer Stoßzahl, dann eine zweite Intensitätsstufe, wenn sie wieder die Anregungsenergie aufgenommen haben, d. h. wenn die Beschleunigungsspannung zwischen G und N gleich der doppelten Anregungsspannung ist, usw. Die Abstände der Stufen betragen in Quecksilber 4,9 Volt. In der Tat beobachtet man beim Beschießen von Hg-Dampf mit Elektronen von 4,9 eV die Aussendung der ultravioletten Quecksilberlinie ($\lambda = 2537$ Å), welche die langwelligste Absorptionslinie („Resonanzlinie") des nicht angeregten Hg-Dampfes ist und die in Emission dem Übergang vom 1. Anregungszustand in den Grundzustand entspricht.

Bemerkenswert ist, daß die Anregung durch Elektronenstoß nur an die Bedingung geknüpft ist, daß die Energie der stoßenden Elektronen gleich oder größer als die vom Atom aufzunehmende Energiedifferenz ist; der Überschuß der Energie verbleibt dem Elektron als kinetische Energie.

Energie- und Impulsatz beim unelastischen Stoß. Wir haben bisher nicht beachtet, welche Einschränkungen unsere Überlegungen über den Elektronenstoß durch die Forderung der Impulserhaltung erfahren. Wenn man in Gl. (2) des § 6 in I, S. 58, auf der rechten Seite die Energie W hinzufügt, welche der Masse m_2 beim Stoß als Anregungsenergie zugeführt werden kann (unelastischer Stoß), so folgt für die Geschwindigkeiten w_1 und w_2 der Stoßpartner nach dem Stoß (φ ist der Winkel zwischen $\mathfrak{v}_1$, $\mathfrak{w}_1$; ϑ der Winkel zwischen $\mathfrak{v}_1$, $\mathfrak{w}_2$):

$$w_1 = \frac{m_1}{m_1 + m_2} v_1 \cos\varphi \pm \sqrt{\frac{v_1^2(m_2 - m_1)}{m_1 + m_2} - \frac{2Wm_2}{m_1(m_1 + m_2)} + \frac{m_1^2 v_1^2 \cos^2\varphi}{(m_1 + m_2)^2}};$$

$$w_2 = \frac{m_1}{m_1 + m_2} v_1 \cos\vartheta \pm \sqrt{\frac{m_1^2 v_1^2 \cos^2\vartheta}{(m_1 + m_2)^2} - \frac{2Wm_1}{m_2(m_1 + m_2)}}.$$

Damit eine Energieabgabe W möglich ist, dürfen die Ausdrücke unter den Wurzeln nicht negativ werden. Die erste Wurzel gibt mit der Abkürzung $\mu = m_1 m_2/(m_1 + m_2) =$ „resultierende" Masse der 2 Teilchen:

$$\frac{\mu}{2} v_1^2 \left(1 - \left(\frac{m_1}{m_2}\right)^2 \sin^2\varphi\right) \geqq W.$$

Also muß mindestens sein

$$\frac{\mu}{2} v_1^2 \geqq W. \qquad (1)$$

Die 2. Wurzel gibt

$$\frac{\mu}{2} v_1^2 \cos^2\vartheta \geqq W,$$

also wieder mindestens die Forderung (1). Das ist aber die

einleuchtende Bedingung: Die kinetische Energie der Relativbewegung der 2 Teilchen vor dem Stoß muß mindestens so groß sein wie die Anregungsenergie W; denn v_1 ist die Relativgeschwindigkeit vor dem Stoß und nach einem einfachen Satz der Mechanik $\frac{\mu}{2} v_1^2$ die kinetische Energie der Relativbewegung. Sie unterscheidet sich um den Faktor $m_2/(m_1+m_2)$ von der kinetischen Energie E_1 des ankommenden Teilchens. Es ist daher zu fordern:

$$(2) \qquad E_1 \geqq \frac{m_2 + m_1}{m_2} W.$$

Die Energie des stoßenden Elektrons muß also größer sein als die vom gestoßenen Atom aufgenommene Energie W, aber auch beim leichtesten Atom ist der Überschuß weniger als 1 Promille $\left(\frac{m_1}{m_2} = \frac{1}{1836}\right)$. Da die Anregungsenergien von optischen Termen von der Größenordnung 10 eV sind, so bleibt dieser erforderliche Mehrbetrag unter einem hundertstel e-Volt und entzieht sich, da er kleiner ist als die Energie der Wärmebewegung, der Messung.

2. Stoß schwerer Teilchen. Sobald aber schwere Teilchen (Ionen) als stoßende Teilchen zur Anregung verwendet werden, wird durch den Impulssatz die untere Grenze für die Energie erheblich verändert. Für $m_1 = m_2$ folgt aus (2) die Anregungsbedingung $E_1 \geqq 2W$. Das Ion muß also die doppelte Anregungsspannung des Elektrons durchlaufen haben, damit eine Anregung erfolgt.

Exakte Versuche zur Prüfung dieser Forderung liegen nicht vor, doch ist beobachtet worden, daß die Lichtanregung durch stoßende Ionen oberhalb etwa der doppelten Anregungsspannung für Elektronen erfolgen kann. Die S. 44 besprochenen Stöße zweiter Art können sich diesen Stoßanregungsvorgängen überlagern und die Deutung der Prozesse komplizieren.

Sehr rasche positive Strahlen (Kanalstrahlen) übertragen bei der Lichtanregung auf das angeregte Atom keinen merklichen Impuls. Die leuchtenden Atome zeigen nämlich nicht die Frequenzverschiebung (den Dopplereffekt), den man an schnell bewegten lichtaussendenden Atomen beobachtet. Daher findet der Energie- und Impulsaustausch hier vorwiegend zwischen dem stoßenden schweren Teilchen und einem Elektron aus der Hülle des gestoßenen Atoms statt. Nach Gl. (6) I, S. 59, kann ein freies ruhendes Elektron aber nur die doppelte Geschwindigkeit des stoßenden Teilchens übernehmen. Ein Proton sollte also den $\frac{1836}{4} = 459$ ten Teil seiner Energie auf ein ruhendes Elektron übertragen können. Die charakteristische K-Strahlung des Aluminiums wird von Elektronen ausgelöst, deren Energie größer ist als 1490 eV; die Protonen, welche einem ruhenden Elektron diese Energie durch Stoß übertragen können, müssen also eine Energie von $1490 \cdot 459 = 683900$ eV besitzen. In der Tat ist die Anregung charakteristischer Röntgenstrahlen durch Protonenstoß möglich (Gerthsen u. Reuße) und die erforderliche Energie der Protonen liegt weit über der Anregungsenergie durch Elektronen. Doch kann man mit einer Protonenenergie von etwa 50000 eV bereits die K-Strahlung auslösen.

Nun ist die Annahme ruhender Elektronen in der K-Schale nicht gerechtfertigt; für die Geschwindigkeit der K-Elektronen des Aluminiums berechnet man nach der Bohrschen Theorie (s. III, S. 40) $2{,}5 \cdot 10^9$ cm/sec, wenn die wirksame Kernladung Z gleich 11,5 gesetzt wird (nach der Wellenmechanik streut die Geschwindigkeit einigermaßen um diesen Wert). Bei dem Stoß eines Protons gegen ein ihm mit der Geschwindigkeit v_2 entgegenfliegendes Elektron kann dessen kinetische Energie um den Betrag $W = 2 m_2 v_1 (v_1 + v_2)$ erhöht werden. Hieraus berechnet man, daß ein Proton zur Übertragung der Anregungsenergie der

K-Strahlung eine Mindestgeschwindigkeit von $4{,}3 \cdot 10^8$ cm/sec (das sind 100000 eV) besitzen muß. Unter Berücksichtigung der obengenannten Unschärfe der Geschwindigkeiten der K-Elektronen finden wir also die Erhaltungssätze von Energie und Impuls auch bei Protonen erfüllt, und wir dürfen diese Versuche als einen experimentellen Nachweis der Bewegung der Elektronen im Atom betrachten.

3. Stoß zweiter Art. Die Anregungsenergie kann einem Atom auch durch einen sogenannten Stoß zweiter Art übertragen werden. Zur Erläuterung dieses Begriffes betrachten wir eine Umkehrung der unter 1. behandelten Stoßprozesse. Grundsätzlich ist jeder atomare Vorgang auch in der umgekehrten Richtung möglich. Der Elektronenstoß bedeutet: Ein Elektron stößt mit einem Atom (oder Molekül) zusammen, gibt einen Teil seiner Energie als Anregungsenergie ab, hat daher nach dem Stoß kleinere Energie, während das Atom im angeregten Zustand zurückbleibt. Die Umkehrung ist: Ein angeregtes Atom (oder Molekül) stößt mit einem Elektron zusammen, das Atom geht ohne Aussendung von Strahlung („strahlungsloser Übergang“) in einen energetisch tieferen Zustand über, das Elektron bekommt die Energiedifferenz als zusätzliche kinetische Energie, ist also nach dem Stoß schneller als vorher (Stoß 2. Art, Klein und Rosseland). Wenn langsame Elektronen mit sogenannten mestastabilen Quecksilberatomen, das sind angeregte Atome von großer Lebensdauer (s. III, S. 29 und 107) zusammenstoßen, dann können sie deren Anregungsenergie von 4,9 eV übernehmen. Sie vermögen dann gegen eine um 4,9 Volt höhere verzögernde Spannung anzulaufen, als dies ohne das Vorhandensein der angeregten Atome möglich ist. Anstatt auf freie Elektronen kann die Energie angeregter Atome auch als kinetische Energie bei Zusammenstößen mit nicht angeregten Atomen auf diese übertragen werden. So kann das Leuchten eines Gases durch geringen Zusatz von Fremdgasen praktisch ausgelöscht werden. Es kann aber auch die Energie zum Teil dazu verwandt werden, das vor dem Stoß nicht angeregte Atom anzuregen. Diese Art der Anregung bezeichnet man als „sensibilisierte Fluoreszenz“ (Franck und Cario). Solche Energieübertragung durch Stöße 2. Art besitzt eine um so größere Wahrscheinlichkeit, je geringer der Energieunterschied der Anregungszustände ist, je weniger Energie also in Wärmebewegung umgesetzt werden muß. Bei höheren Temperaturen können am gestoßenen Atom auch solche Linien angeregt werden, deren Anregungsenergie größer als die des stoßenden Atoms ist, die fehlende Energie wird dann aus der Wärmebewegung des stoßenden Teilchens genommen. Wenn in ein Gemisch von Thallium- und Quecksilberdampf die Hg-Resonanzlinie 2537 Å eingestrahlt wird, dann erscheinen im Ultravioletten Tl-Linien zwischen 2900 und 4000 Å, zudem die grüne Tl-Linie 5350 Å. Bei höheren Temperaturen treten auch kurzwelligere Linien auf.

§ 4. Dualität der Materie

Elektronenoptik. Ein Lichtstrahl, der durch die Grenzfläche benachbarter optisch homogener Medien hindurchgeht, wird nach dem Snelliusschen Brechungsgesetz gebrochen:

$$\frac{\sin \alpha_1}{\sin \alpha_2} = \frac{n_2}{n_1}\,. \tag{1}$$

Ein Elektronenstrahl in einem feldfreien Raum, in dem also das Potential U_1 konstant ist, verläuft geradlinig. Tritt er in einen Raum von anderem Potential U_2, so wird er bei nicht senkrechtem Einfall im Grenzgebiet ebenfalls gebrochen, um dann im Raum U_2 geradlinig weiterzulaufen. Als Modell denke man sich zwei mit dünnen Metallfolien abgeschlossene metallische Kästen 1 und 2[1]). Zwischen den Folien besteht

---

[1]) Einen Sprung des Potentials in enger Grenzschicht hat man an der Grenzfläche eines ungeladenen oder geladenen Metalls gegen das Vakuum oder auch an der Grenze sich berührender verschiedener Metalle.

in der y-Richtung ein elektrisches Feld $\mathfrak{E}$, welches nur die y-Komponente der Elektronengeschwindigkeit ändert. Daraus folgt, daß

$$(2) \qquad \frac{\sin \alpha_1}{\sin \alpha_2} = \frac{v_2}{v_1}.$$

In Analogie zum Snelliusschen Brechungsgesetz nennen wir es das „elektronenoptische" Brechungsgesetz. Die elek-

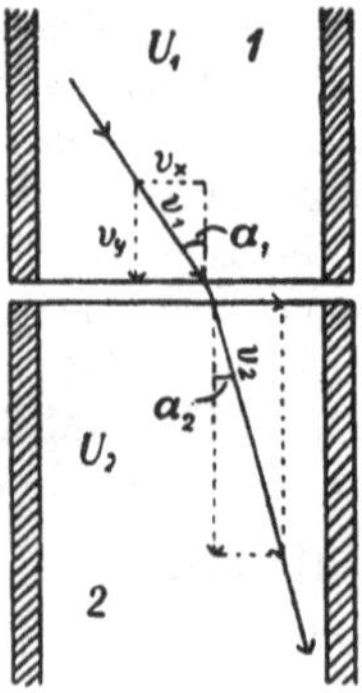

Abb. 19
Brechung eines Elektronenstrahles am Rand zweier Potentialgebiete

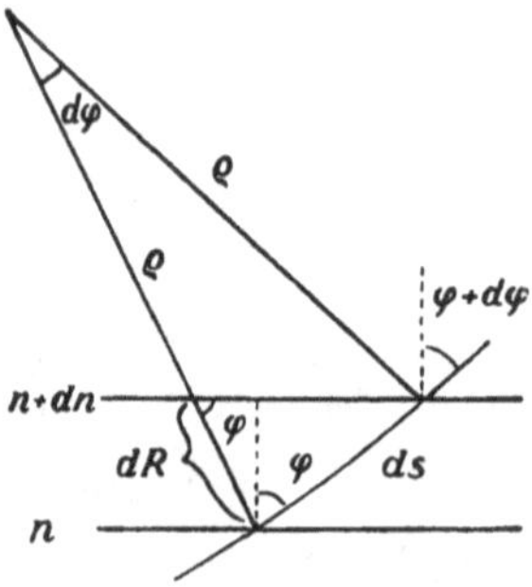

Abb. 20
Zur Krümmung eines Elektronenstrahls

tronenoptischen Brechungsindizes verhalten sich wie die Geschwindigkeiten:

$$(3) \qquad \frac{n_1}{n_2} = \frac{v_1}{v_2},$$

oder: die Brechungsindizes sind den Teilchengeschwindigkeiten proportional.

Diese formale Analogie zwischen dem Strahlverlauf in der geometrischen Optik und der Elektronenbahn im elektrostatischen Felde ist nicht auf diesen Sonderfall beschränkt. Im allgemeinen ändert sich das Potential im Flugraum der Elektronen stetig, immer dann, wenn an dem Elektron eine elektrische Kraft angreift. Dann aber haben wir nicht gradlinige Elektronenbahnen.

Auch in der geometrischen Optik kennt man krumme Lichtstrahlen, die beim Durchgang des Lichtes durch Medien mit sich stetig änderndem Brechungsindex auftreten. (Durchgang des Sternenlichtes durch die Atmosphäre oder von Licht durch die Grenzschicht von ineinander diffundierenden Lösungen verschiedener Konzentration).

Nach dem Snelliusschen Brechungsgesetz ist

$$(4) \qquad n \sin\varphi = (n + dn) \sin(\varphi + d\varphi)$$

oder unter Vernachlässigung kleiner Größen höherer Ordnung $n \cos\varphi\, d\varphi + dn \sin\varphi = 0$;

$$(5) \qquad d\varphi = -\operatorname{tg}\varphi \cdot \frac{dn}{n}.$$

Nun ist der Krümmungsradius des Strahls $\varrho = ds/d\varphi$ und daher nach (5) $1/\varrho = -\frac{\operatorname{tg}\varphi}{ds} \cdot \frac{dn}{n}$. Nennen wir den Abschnitt des Krümmungsradius zwischen den beiden Flächen von konstantem Brechungsindex dR, so wird $ds/\operatorname{tg}\varphi = dR$ und daher

$$\frac{1}{\varrho} = -\frac{1}{n}\frac{dn}{dR} = -\frac{d\lg n}{dR};$$

wir setzen jetzt nach (3) die Brechungsindizes proportional der Geschwindigkeit: $n = kv$; damit identifizieren wir die Flächen konstanten Brechungsindexes mit den Äquipotentialflächen, wegen $\frac{m}{2}v^2 = \frac{m}{2}v_0^2 - e(U - U_0)$; e ist die Ladung des Teilchens, sie ist < 0 für Elektronen. Dann sollte

$$(6) \qquad \frac{1}{\varrho} = -\frac{1}{2v^2}\frac{dv^2}{dR} = \frac{e}{mv^2} \cdot \frac{dU}{dR}$$

der reziproke Krümmungsradius der Bahn sein.

Nun ist die normal zur Bahn wirkende elektrische Kraft gleich Ladung mal Potentialabnahme in Richtung von ϱ, also gleich $-e\,dU/dR$, und diese Kraft muß nach der Mechanik entgegengesetzt gleich der Zentrifugalkraft mv^2/ϱ sein. Das heißt:

$$\frac{mv^2}{\varrho} = e\frac{dU}{dR}. \tag{7}$$

(6) und (7) stimmen überein; die Methoden der Mechanik und der Elektronenoptik ergeben also die gleiche Bahn; so wenig aber die Ergebnisse der geometrischen Optik die Wellennatur des Lichtes begründen, so wenig wird man aus der Möglichkeit, die Bewegung der Elektronen durch die Methoden der Elektronenoptik zu beschreiben, auf Materiewellen schließen dürfen.

Die Abgrenzung der Gültigkeit der geometrischen Optik gegen die Wellenoptik ist durch die Bedingung gegeben (vgl. auch III, S. 96): Die Krümmungsradien der Lichtstrahlen müssen groß gegen die Wellenlängen des Lichts sein, ebenso sollen alle Blenden und Spalte, die man zur Einengung des Bündels verwendet, der gleichen Bedingung unterliegen. Wenn diese Bedingung nicht mehr erfüllt ist, findet man Erscheinungen, deren Deutung nur durch die Wellentheorie gegeben werden kann.

Wenn wir bei den Materiestrahlen die gleiche Grenze für die elektronenoptische Beschreibung geben, so folgern wir, da wir bei der klassisch-mechanischen Beschreibung makroskopischer Massen niemals auf ein Versagen stoßen, daß die Wellenlängen von Materiewellen, die wir in vollständiger Durchführung der Analogie zur Optik bewegten Materiestrahlen zuordnen, außerordentlich klein sind.

Indem L. de Broglie die relativistische Behandlung der Eigenschaften bewegter Elektronen mit der Quantentheorie verknüpfte, kam er zu dem Schluß, daß einem mit der Geschwindigkeit v bewegten Teilchen der Masse m eine Welle zugeordnet sei, deren Wellenlänge

$$\lambda = \frac{h}{mv} = \frac{h}{p} \tag{8}$$

(p ist der Impuls des Teilchens) sei (III, S. 92). Die einem durch 150 Volt beschleunigten Elektron zugeordnete Welle müßte daher nach (1) I, S. 28 und (11) I, S. 33 gerade eine Wellenlänge von 10^{-8} cm besitzen, allgemein (für $v < c/10$)

$$\lambda = \sqrt{\frac{150}{V}} \cdot 10^{-8}\ \text{cm}, \quad V \text{ in Volt}. \tag{9}$$

Die Analogie zum Licht legt nahe, die Energie $E = mc^2$ des Teilchens mit einer Frequenz zu verknüpfen gemäß

$$E = mc^2 = h\nu. \tag{10}$$

(8) und (10) verbinden Teilcheneigenschaften p, E mit den Welleneigenschaften λ, ν; beide Gln. gelten für beliebige Geschwindigkeit v, wenn m die bewegte Masse gemäß (13) I, S. 35 bedeutet. (8) und (10) entsprechen genau den Lichtquantengleichungen

$$p = h/\lambda,\ E = h\nu\ .$$

Wie beim Licht, so führten auch hier Interferenz- bzw. Beugungsversuche zum Nachweis der Welleneigenschaften von Kathodenstrahlen, und da für sie nach (9) die Wellenlängen von der Größenordnung der Röntgenwellen sind, haben die Anordnungen zur Beobachtung der Elektroneninterferenzen ihr Vorbild in den älteren Anordnungen zur Auffindung von Röntgeninterferenzen (v. Laue, Bragg, Debye-Scherrer, s. I, § 10).

Fresnelsche Elektronenbeugung an einer Kante. Ein besonders überzeugender Beweis für die Wellennatur des Lichtes wird durch seine Beugung an einer Kante eines ihm in den Weg gestellten schattenwerfenden Schirmes erbracht. Abb. 21 zeigt, daß statt einer scharfen Schattengrenze auf einer hinter den Schirm gestellten photographischen Platte sogenannte Fresnelsche Beugungsstreifen entstehen, die durch Interferenz der von der Lichtquelle kommenden Wellen mit den vom Rande des beugenden Hindernisses ausgehenden erzeugt werden. Wenn der Abstand der sehr kleinen (punktförmigen) Lichtquelle vom Schirm a, dessen Abstand von der photographischen Platte b ist, so liegen die Interferenzmaxima und -minima auf der Platte

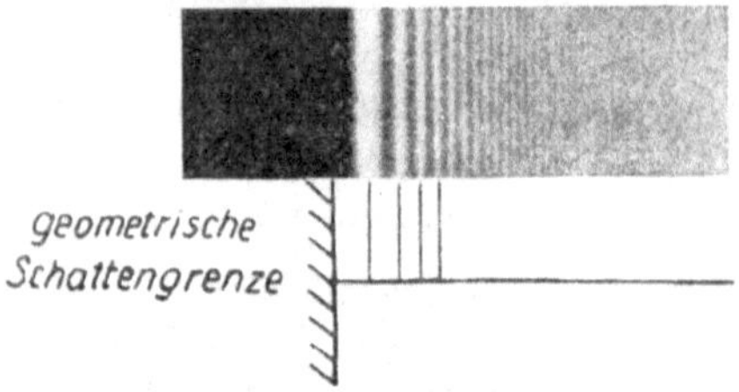

Abb. 21. Beugung von monochromatischem Licht (λ = 4600 Å) an einer Kante, nach Arkadiew. Abstand Lichtquelle-Schirm 24 m, Schirm-photographische Platte 15,5 m. (Aus Handbuch der Experimentalphysik, XVIII, S. 318, Fig. 45)

nur außerhalb der geometrischen Schattengrenze, in Abständen x von dieser, mit[1])

$$x = \sqrt{\lambda (a + b) \frac{b}{a} \left(n - \frac{1}{4}\right)}, \tag{11}$$

wo λ die Wellenlänge des Lichtes ist, und für die Maxima $n = 1, 3, 5, \ldots$ zu setzen ist.

Abb. 22 gibt nun eine Elektronenbeugung an einer Kante nach Boersch (1940) wieder. Die Übereinstimmung der Beugungsbilder für Licht und Elektronenstrahlen wirkt überzeugend. Die Aufnahme ist dadurch erhalten, daß die Elektronen nach den Methoden der geometrischen Elektronenoptik zu einem dicht über der Kante (kleines a!) liegenden sehr feinen Brennfleck vereinigt werden, von dem aus die

[1]) Eine elementare Ableitung dieser Beziehung siehe Handbuch der Phys. v. Geiger u. Scheel, Bd. XX. S. 42ff.

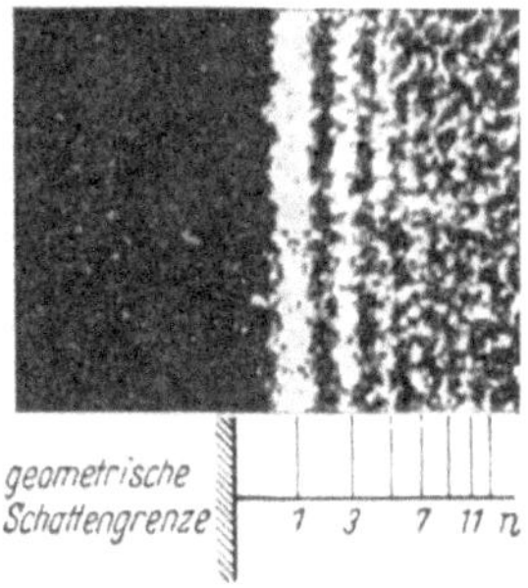

Abb. 22. Beugung von Elektronen (λ = 0,066 Å) an einer Kante (nach Boersch). Abstand Elektronenquelle Schirm 0,35 mm, Schirm-photographische Platte 313 mm. (Aus Naturwissenschaften 28. 1940. S. 710 Fig. 2)

Kante bestrahlt wird. Die Gleichung (11) beschreibt die Lage der Maxima richtig, wenn man die zur Beschleunigungsspannung der Elektronen (hier 34 KeV) gehörige de Broglie-Wellenlänge $\lambda = 0{,}066$ Å einsetzt.

Elektroneninterferenzen an Kristallgittern. Die Entdecker der Elektroneninterferenzen Davisson und Germer (1927) arbeiteten mit einer dem Laueverfahren entsprechenden Versuchsanordnung: Im Hochvakuum trifft ein aus einer Glühkathode Q stammender, durch Blenden begrenzter Elektronenstrahl auf die Oberfläche eines Nickeleinkristalls K. Der schwenkbare Faradaykäfig F vermag die gestreuten Elektronen nach Breite und Azimut zu messen. Die Abb. 24 zeigt, daß wie beim Durchgang von Röntgenstrahlen durch einen

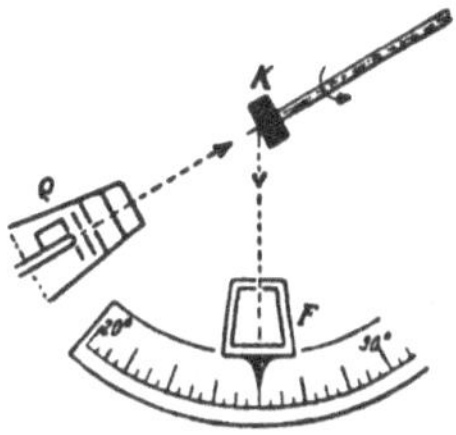

Abb. 23. Versuchsanordnung zum Nachweis der Elektroneninterferenzen. (Nach Müller-Pouillet, Lehrb. d. Physik, Band IV, 3. Teil, Braunschweig 1933, Friedr. Vieweg u. Sohn)

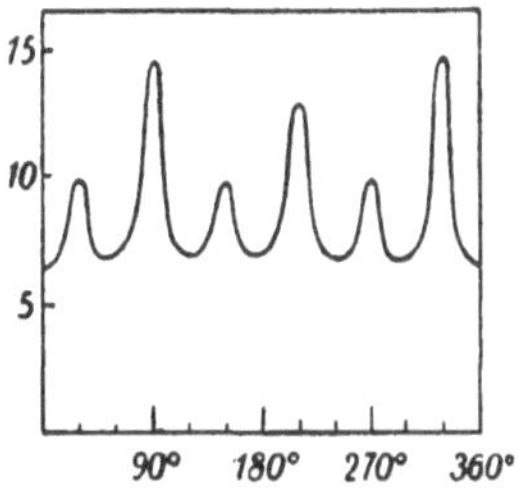

Abb. 24
Azimutale Verteilung der Intensität gestreuter Elektronen bei 50° Breite

Einkristall sich seitliche Interferenzstrahlen abspalten, deren räumliche Anordnung von der Symmetrie und Struktur des Kristalls abhängt; die aus der Richtung dieser abgebeugten Strahlen berechnete Wellenlänge stimmt mit der theoretischen Erwartung vollständig überein.

Abb. 25 zeigt ein Einkristall-Laue-Diagramm von NaCl, welches von Boersch bei Durchstrahlung eines sehr kleinen

Abb. 25. Elektronenbeugung am NaCl-Einkristall, Laue-Diagramm (nach Boersch). (Aus Zs. f. Phys. 116, S. 472, Fig. 2f)

Abb. 26. Elektronenbeugung am NH_4Cl-Polykristall, Debye-Scherrer-Diagramm (nach Boersch). (Aus Zs. f. Phys. 116, S. 472. Fig. 2a)

Kristalls mit einem Kathodenstrahlbündel von nur 0,005 mm Durchmesser aufgenommen wurde. Durchstrahlt man dünne Schichten von mikrokristallinem Material, erhält man Beugungsringe, die den Debye-Scherrer-Diagrammen (I, S. 104) entsprechen. Abb. 26 zeigt eine Beugungsaufnahme, die mit einem Elektronenbündel von 0,1 mm Durchmesser und einer NH_4Cl-Schicht erhalten wurde. Ihre praktische Brauchbarkeit übertrifft bei Strukturbestimmungen von Dampfmolekülen oder von Oberflächenschichten die röntgenologischen Methoden, weil die Atome für Kathodenstrahlen ein weit höheres Streuvermögen haben als für Röntgenstrahlen.

Ramsauereffekt. Die in I, § 5 behandelten Wirkungsquerschnittsmessungen von Atomen gegenüber Kathodenstrahlen erfassen nicht alle Einwirkungen der durchstrahlten Atome auf die Elektronen. Teilchen, die durch Bremsstrahlung, Anregung oder Ionisation der durchstrahlten Atome Energieverluste erlitten haben, ja auch solche, die trotz mehrfacher Streuung im Bündel bleiben, gelten als nicht ausgeschieden. Eine Methode, welche alle Einwirkungen erfaßt und vor allem für langsame Elektronen brauchbar ist, ist von Ramsauer entwickelt worden.

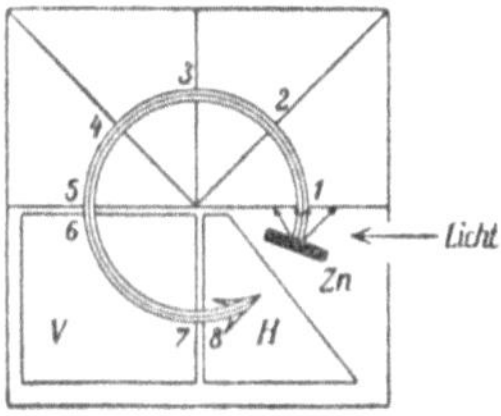

Abb. 27. Versuchsanordnung zum Ramsauereffekt. (Nach Müller-Pouillet, Lehrb. d. Physik, Band IV, 3. Teil, Braunschweig 1933, Friedr. Vieweg & Sohn)

Aus einer Zn-Kathode lichtelektrisch ausgelöste Elektronen werden durch eine variierbare Spannung beschleunigt und durch ein senkrecht zur Zeichenebene gerichtetes Magnetfeld zum Kreise aufgewickelt (Abb. 27). Durch auf einem Kreisbogen angeordnete Blenden 1, 2, 3 . . . wird eine homogene Elektronenstrahlung in die beiden isolierten Käfige *V* und *H* geleitet. Ohne Gasfüllung werden alle Elektronen, die *V* durchfliegen, auch nach *H* gelangen. Bei Einlaß eines Gases in die Apparatur (Druck $\approx 10^{-3}$ mm Hg) werden die zwischen 6 und 7 gestreuten Elektronen gegen die Wand von *V* treffen und die Bahnen der Elektronen, die Geschwindigkeitsverluste erlitten haben, stärker gekrümmt werden; das Verhältnis der in *H* allein zu der in $H + V$ gemessenen Elektronenmenge läßt also einen Wirkungsquerschnitt für Streuung und Geschwindigkeitsverluste berechnen:

$$\frac{H}{H+V} = e^{-pQs},$$

wo *Q* der Wirkungsquerschnitt der in 1 cm³ bei 1 mm Hg enthaltenen Atome ist, wenn p in mm Hg den Druck und s in cm die Bogenlänge der Elektronenbahn im Käfig V angibt[1]).

Abb. 28 zeigt die Wirkungsquerschnitte der schweren Edelgase gegenüber langsamen Elektronen. Auf der rechten Ordinatenachse sind die gaskinetischen Wirkungsquerschnitte (W. Q.) eingetragen. Die W. Q. gegenüber langsamen Elek-

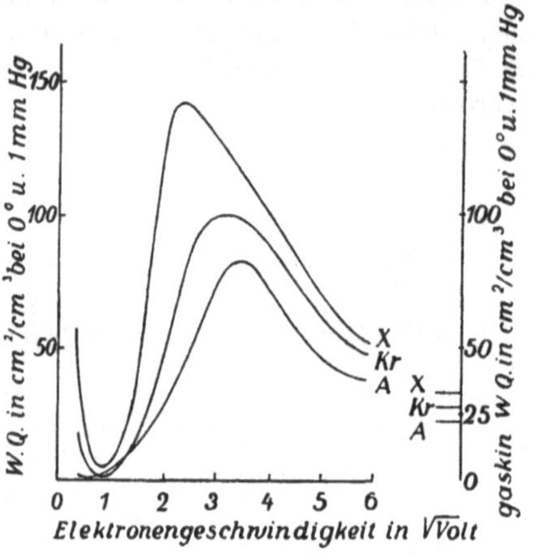

Abb. 28. Ramsauereffekt an Edelgasen

tronen sind erheblich größer als die gaskinetischen W. Q.; die Maximalwerte werden für A, Kr und X bei 13,2, 11,3 und 6,4 eV erreicht und betragen für A etwa das 3,8fache, für Kr das 3,6fache und für X das 4,3fache der gaskinetischen Querschnitte. Daß sie mit abnehmender Elektronengeschwindigkeit zunehmen, führen wir im Sinne von I, § 5 darauf zurück, daß die über die Elektronenhülle des Atoms hinausgreifenden

[1]) Bei der Messung ist es zweckmäßig, bei zwei verschiedenen Drucken zu arbeiten. Dann wird:

$$Q = \frac{1}{(p_2 - p_1)\, s} \cdot \left[\ln \left(\frac{H}{H + V}\right)_{p_1} - \ln \left(\frac{H}{H + V}\right)_{p_2}\right].$$

elektrischen Streufelder des Atoms langsamere Elektronen stärker ablenken; bei ganz kleinen Geschwindigkeiten begegnen wir aber hier einem Effekt, der auf gar keinem Wege mit der klassischen Mechanik vereinbar erscheint: Die Wirkungsquerschnitte nehmen wieder ab. In der Reihenfolge A, Kr und X erreichen sie ein Minimum von etwa 2 %, 6 % und 8 % des gaskinetischen Wertes bei Geschwindigkeiten 0,37, 0,60 und 0,65 eV. Für diese langsamen Elektronen werden die Atome also fast völlig durchlässig.

Für die großen Wirkungsquerschnitte können Geschwindigkeitsverluste nicht maßgebend sein, da diese unterhalb der Anregungs- und Ionisierungsspannungen nicht merklich auftreten. Das Maximum der Xenonkurve liegt etwa 2 V unterhalb der tiefsten Anregungsspannung, die W.Q. von A und Kr erreichen unterhalb der niedrigsten Anregungsspannung bereits mehr als 95 % des Maximalwertes. Ebenso ist, wie durch besondere Versuche bewiesen wurde, echte Absorption, Festhaltung von Elektronen, so selten, daß sie überhaupt nicht ins Gewicht fällt. Also muß die Wirkung praktisch vollständig auf Streuung zurückzuführen sein.

Abb. 29 zeigt die Winkelabhängigkeit der Streuung von Elektronen in Quecksilberdampf bei verschiedenen Elektronengeschwindigkeiten. Während bei α-Strahlen, s. I, S. 75 (und ebenso bei schnellen Kathodenstrahlen), die Zahl der gestreuten Teilchen mit wachsendem Streuwinkel monoton abnimmt, schließen sich hier Minima und Maxima an das nicht abgelenkte Bündel an. Die Erscheinung erinnert an das Auftreten von Beugungsringen beim Durchgang von Licht durch eine Suspension feiner Teilchen, deren Dimensionen von der Größenordnung der Lichtwellenlänge sind.

Nach Gl. (9) liegen im untersuchten Bereich die Wellenlängen der Elektronen-Materiewellen zwischen 0,43 und 1,4Å, d. h. in der gleichen Größenordnung wie die Durchmesser der Quecksilberatome. Wir stellen also fest, daß die Mechanik

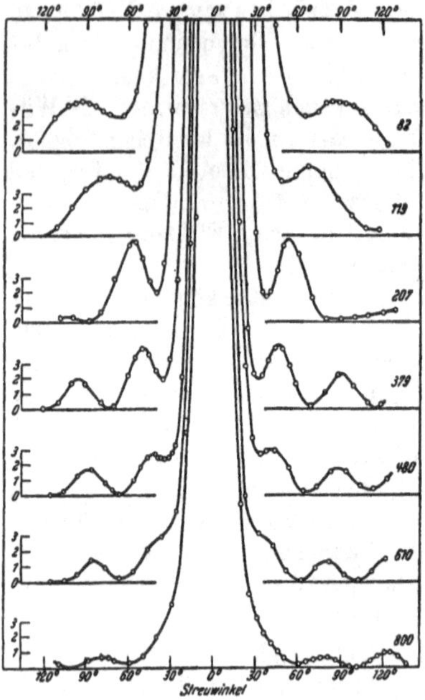

Abb. 29. Beugung von Elektronen an Hg-Atomen; die Zahlen rechts neben den Kurven geben die zugehörige Elektronenenergie in eV an. (Nach Handbuch der Physik, XXII, 2. Teil, 2. Aufl., Berlin, Springer-Verlag)

auch schon zur qualitativen Beschreibung der Elektronenbewegung versagt, wenn die de Broglie-Wellenlänge mit den Dimensionen der Atome vergleichbar wird, mit denen die Elektronen in Wechselwirkung treten.

Abb. 30 gibt die Streuung von Elektronen an Argonatomen für Geschwindigkeiten zwischen dem Minimum und Maximum der W. Q. Kurve. Man erkennt die Abnahme der Streuung mit abnehmender Elektronenenergie und einen damit verbundenen, immer stärker hervortretenden Übergang zu einer Seitwärtsstreuung.

Beugung und Streuung schwerer Teilchen. Für Protonenstrahlen gibt Gl. (8)

$$\lambda = \sqrt{\frac{8{,}19}{V}} \cdot 10^{-9}\ \text{cm}\,; \tag{12}$$

die Energie muß also 0,08 e-Volt betragen, damit die Wellenlänge 1 Å wird. Nach I, S. 12 entspricht diese Energie etwa der mittleren thermischen Energie bei der doppelten Zimmertemperatur. Beugungserscheinungen sucht man daher zweckmäßig nicht an Kanalstrahlen (Ionenstrahlen), sondern an Molekularstrahlen (s. I, S. 21), und zwar solchen aus leichten Atomen oder Molekülen, weil bei gegebener Energie (Temperatur) der Impuls der Wurzel aus dem Molekulargewicht proportional ist. Denn es ist $E_{\text{kin}} = \frac{p^2}{2m}$ (p = Impuls, m = Masse); daher wegen $M = Lm$ (M = Molekulargewicht) bei fester E_{kin} : $p \sim \sqrt{M}$. Als Beugungsgitter dienen wieder Einkristalle. Atome von der Energie der Wärmebewegung zwischen 100° und 1000° abs. vermögen aber nicht mehrere Netzebenen zu durchschlagen, daher sind die beobachteten Spektren durchweg Kreuzgitterspektren (s. I, S. 98).

Die Methodik der Versuche (Stern und Estermann) findet man in dem Göschenband „Teilchenstrahlen". Für einen mechanisch nach der Fizeauschen Zahnradmethode monochromatisierten Heliumatomstrahl von $1{,}635 \cdot 10^5$ cm/sec Geschwindigkeit ergaben sich bei der Reflexion an einer LiF-Fläche scharfe Beugungsmaxima 1. Ordnung, aus deren Lage sich eine de Broglie-Wellenlänge von $0{,}600 \cdot 10^{-8}$ cm er-

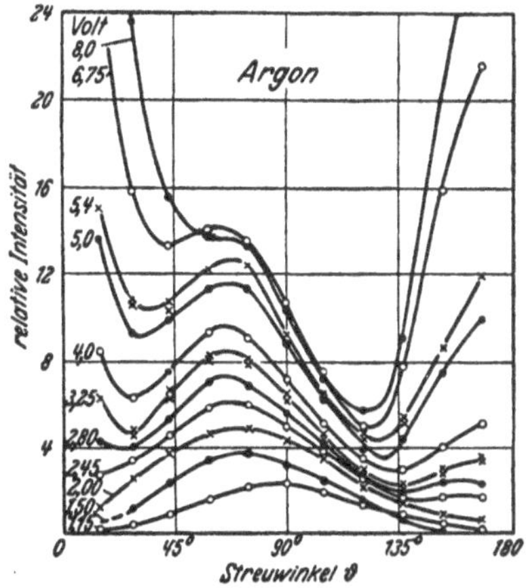

Abb. 30. Streuung langsamer Elektronen an Argonatomen. Nach Handbuch der Physik, XXII, 2. Teil, 2. Aufl., Berlin, Springer-Verl.

rechnet. (8) gibt in guter Übereinstimmung hiermit

$$\lambda = \frac{h}{mv} = \frac{h \cdot L}{A_{\mathrm{He}} \cdot v} = 0{,}610 \cdot 10^{-8}\ \mathrm{cm}\,.$$

Auch an H_2-Molekularstrahlen durchgeführte Beugungsversuche ergaben die Richtigkeit der de Broglieschen Beziehung, wenn der Impuls des Moleküls in (8) eingesetzt wird; bei zusammengesetzten Systemen ist also die Gesamtmasse und die Geschwindigkeit des Schwerpunkts einzusetzen.

Die Untersuchung der Streuung von α-Teilchen führte zur Entdeckung des Atomkerns. I, S. 73 behandelten wir die Streuung unter der Annahme sehr schwerer Kerne ($m_K \gg m_\alpha$), wir berücksichtigten nicht die Impulsabgabe an den gestoßenen Kern. Von besonderem Interesse ist nun die Streuung an gleichartigen Atomen: von Protonen an H-Kernen, von He-Strahlen (α-Teilchen) an He-Kernen usw.

Hier fordern die Gesetze der Energie- und Impulserhaltung, daß in jeder Richtung zwischen 0^0 und 90^0 sowohl stoßende als auch gestoßene Teilchen beobachtet werden, s. I, S. 61. Für die theoretische Behandlung ist wichtig, daß eine Möglichkeit für eine Unterscheidung stoßender und gestoßener Teilchen nach dem Stoßvorgang experimentell nicht existiert.

Im System des ruhenden Schwerpunkts der 2 Teilchen gilt die Formel (2) von I, S. 74; es ist aber dort unter E_{kin} die kinetische Energie der Relativbewegung $\mu v^2/2$ zu verstehen, wo μ die resultierende Masse ist, also hier $\mu = m/2$. Daher ist der Stoßparameter p gegeben durch

$$(13) \qquad p = \frac{1}{2} \operatorname{ctg} \varphi/2 \cdot \frac{e^2}{\frac{m}{4} v^2}\,.$$

φ ist der Ablenkungswinkel des stoßenden Teilchens im Schwerpunktssystem, e seine Ladung. Die Zahl der zwischen φ und $\varphi + d\varphi$ gestreuten primären Teilchen ist daher, wenn wir jetzt mit E_{kin} die kinetische Energie des ankommenden Teilchens im System des Laboratoriumsbeobachters meinen ($E_{\text{kin}} = mv^2/2$):

$$(14) \qquad |dN_1| = Nn\Delta x \cdot 2\pi p\,dp$$
$$= Nn\Delta x \cdot 2\pi \cdot \left(\frac{e^2}{E_{\text{kin}}}\right)^2 \cdot \frac{\cos\varphi/2}{\sin^3\varphi/2} \frac{d\varphi}{2}.$$

Dazu kommen als nicht davon unterscheidbar noch die gestoßenen Teilchen; sie gehen im Schwerpunktssystem unter dem Winkel $\pi - \varphi$ weg. Ihre Zahl ist daher:

$$(15) \qquad |dN_2| = Nn\Delta x \cdot 2\pi \cdot \left(\frac{e^2}{E_{\text{kin}}}\right)^2 \cdot \frac{\sin\varphi/2}{\cos^3\varphi/2} \frac{d\varphi}{2}.$$

Der Ablenkungswinkel im System des Laboratoriumsbeobachters sei ϑ; in diesem System ruht der gestoßene Kern zu Anfang. Allgemein folgt aus dem Impulssatz, auch bei verschiedenen Massen m_1, m_2, wenn m_2 anfangs ruhte:

$$(16) \qquad \operatorname{tg}\vartheta = \frac{m_2 \sin\varphi}{m_2\cos\varphi + m_1};$$

für gleiche Teilchen ist daher $\vartheta = \varphi/2$. Durch Addieren von (14), (15) erhält man:

$$|dN| = Nn\Delta x \cdot 2\pi \cdot \left(\frac{e^2}{E_{\text{kin}}}\right)^2 \cdot \left(\frac{\cos\vartheta}{\sin^3\vartheta} + \frac{\sin\vartheta}{\cos^3\vartheta}\right) d\vartheta =$$
$$= Nn\Delta x \cdot \left(\frac{e^2}{E_{\text{kin}}}\right)^2 \cdot \cos\vartheta \cdot \left(\frac{1}{\sin^4\vartheta} + \frac{1}{\cos^4\vartheta}\right) \cdot 2\pi \sin\vartheta\, d\vartheta.$$

Also ist die Zahl der Teilchen, die unter dem Winkel ϑ im Beobachtersystem in den Raumwinkel $d\Omega$ gestreut werden:

$$(17) \qquad |dN| = Nn\Delta x \cdot \left(\frac{e^2}{E_{\text{kin}}}\right)^2 \cdot \cos\vartheta \cdot \left(\frac{1}{\sin^4\vartheta} + \frac{1}{\cos^4\vartheta}\right) \cdot d\Omega.$$

Diese nach Darwin benannte Streuformel sollte, wenn die Anwendung der Newtonschen Mechanik berechtigt ist, mit der experimentellen Erfahrung genau so übereinstimmen wie das Rutherfordsche Streugesetz. Die beobachtete Streuung weicht aber ganz erheblich von ihr ab. Langsame α-Strahlen, die nicht so nahe an Heliumkerne herangeschossen werden können, daß infolge von Abweichungen von einfacher Coulombscher Kraftwirkung zwischen den Stoßpartnern das Streugesetz modifiziert werden könnte (s. I, S. 78), werden unter 45⁰ doppelt so stark gestreut, als nach (17) zu erwarten wäre (Chadwick 1930). Protonen werden an Wasserstoffkernen unter 45⁰ jedoch nur halb so stark gestreut, als (17) voraussagt (Gerthsen 1931). Trägt man die Intensität gestreuter He-Teilchen an Heliumkernen, geteilt durch die nach (17) zu erwartende Intensität als Funktion des Streuwinkels auf, so erhält man nicht eine horizontale Gerade, sondern deutliche Maxima und Minima, welche an Interferenzen erinnern. Die theoretische Behandlung dieser Erscheinung kann erst im Bd. IV, S. 39 gebracht werden. Wir weisen hier nur darauf hin, daß die Newtonsche Mechanik bei der Beschreibung der Begegnung gleichartiger Teilchen versagt. Die hier beschriebenen experimentellen Ergebnisse sind vom Standpunkt der Wellenmechanik quantitativ deutbar.

§ 5. Das magnetische Moment von Atomen, Elektronen und Kernen

Der dielektrischen Polarisation der Materie im elektrischen Feld entspricht eine magnetische Polarisation im Magnetfeld. Die Magnetisierung $\mathfrak{M}$ (d. i. das magnetische Moment eines homogen magnetisierten Körpers, geteilt durch sein Volumen) ist

$$\mathfrak{M} = \chi \mathfrak{H} \tag{1}$$

$\left(\chi = \frac{\mu - 1}{4\pi}\right.$ heißt Suszeptibilität, μ ist die Permeabilität$\left.\right)$. Während man nur positive dielektrische Suszeptibilitäten kennt, die, wenn man von den „ferroelektrischen" Stoffen absieht, feldunabhängig sind, können die Werte von χ negativ oder positiv sein; für die sogenannten ferromagnetischen Stoffe sind sie feldabhängig. Atomphysikalisch ist die Polarisation eines Materiestücks die Summe der magnetischen Momente aller in ihm enthaltenen atomaren Teilchen. Da ein Kreisstrom i der Fläche f einem magnetischen Dipol mit dem magnetischen Moment $|\mathfrak{m}| = i \cdot f$ äquivalent ist, liegt die Annahme nahe, daß das magnetische Moment der Atome auf in ihnen kreisende Elektronen zurückzuführen ist.

Der **Diamagnetismus** ist aller Materie eigen, das erregte magnetische Moment ist dem äußeren Felde entgegengerichtet. Man führt die diamagnetische Polarisation zurück auf die Induktion von inneratomaren Strömen, von Bewegungen geladener Teilchen, die in den Atomen beim Hineinbringen in das Feld induziert werden und wegen des Fehlens eines Widerstandes so lange bestehen, so lange das Feld unverändert bleibt. Nach dem Lenzschen Gesetz ist das magnetische Moment dieser Ströme, dieser Teilchenbewegungen, dem Felde $\mathfrak{H}$ entgegengerichtet. Genauere Rechnung zeigt[1]), daß die geladenen Teilchen dabei Präzessionsbewegungen um die Feldrichtung ausführen. Man erhält für das induzierte mittlere magnetische Moment $\overline{\mathfrak{m}}$ eines Atoms, in dem z Elektronen in den Abständen $\mathfrak{r}_i$ vom Schwerpunkt des Atoms unter der Wirkung des Feldes $\mathfrak{H}$ umlaufen (e in elektrostatischen CGS, m = Elektronenmasse):

$$(2) \qquad |\overline{\mathfrak{m}}| = -\frac{e^2}{6mc^2}|\mathfrak{H}|\sum_{i=1}^{z}\overline{\mathfrak{r}_i^2}\,.$$

Überstreichen bedeutet zeitliche Mittelung. Die Suszeptibilität ist dann nach (1), wenn n Atome im cm^3 vorhanden sind:

[1]) Vgl. Bd. III, S. 61–63, auch IV, S. 84–88.

$$(3)\quad \chi = |\mathfrak{M}| / |\mathfrak{H}| = n\,|\overline{\mathfrak{m}}| / |\mathfrak{H}| = -\frac{n}{6}\frac{e^2}{mc^2}\sum_{i=1}^{z}\overline{\mathfrak{r}_i^2}\,.$$

Der gemessene Wert der Suszeptibilität für H_2 unter Normalbedingungen $\left(n = \frac{p}{kT} = 2{,}69 \cdot 10^{19}\,\text{cm}^{-3}\text{, s. I, S. 14}\right)$ ist $\chi = -0{,}5 \cdot 10^{-9}$. Unter der Annahme, daß beide Elektronenbahnen den gleichen Radius $|\mathfrak{r}|$ haben, erhält man $|\mathfrak{r}| = 1{,}4 \cdot 10^{-8}$ cm. Der aus der diamagnetischen Suszeptibilität errechnete Molekülradius stimmt also mit dem aus anderen Eigenschaften berechneten gut überein[1]).

Paramagnetismus. Paramagnetisch sind solche Atome, die auch ohne äußeres Magnetfeld ein magnetisches Moment haben. Da wegen der Temperaturbewegung bei sehr geringer Wechselwirkung der magnetischen Dipole jede Richtung für die Dipolachsen im Raum gleich wahrscheinlich ist, ist auch die paramagnetische Substanz nicht permanent polarisiert. Ein überlagertes Magnetfeld bewirkt aber eine Orientierung, die, solange die Energie eines Dipols im Felde noch klein gegen die thermische Energie kT ist, so erfolgt, daß die Magnetisierung der Feldstärke proportional ist. Nach Langevin kann man mit den Methoden der klassischen statistischen Mechanik die Wahrscheinlichkeit der Einstellung der Dipolachsen für jeden Winkel berechnen, den sie mit der Feldrichtung bilden und so das resultierende magnetische Moment pro Volumeneinheit als Funktion der Feldstärke angeben[2]). Man erhält für die Suszeptibilität

$$(4)\qquad \chi = \frac{n \cdot \mu^2}{3kT}\,,$$

wo n wie vorher die Atomzahldichte, μ das permanente Mo-

---

[1]) Der Kernabstand in H_2 ist 0,74 Å (IV, S. 109), dazu sind noch schätzungsweise $2 \cdot \frac{2}{3} \cdot a_H$ (Wasserstoffatomradius, III, S. 39) zu rechnen (vgl. das Bild der Elektronenverteilung in H_2, IV, S. 110, Abb. 12a), was zusammen rund 1,4 Å gibt. Genaue wellenmechanische Rechnung gibt den experimentellen Wert von χ genau wieder.

[2]) Die heutige Atomtheorie liefert dasselbe Ergebnis.

ment eines Atoms und k die Boltzmannsche Konstante ist. Aus gemessenen Werten von χ erhält man mit (4) für die Momente paramagnetischer Atome Werte von der Größenordnung 10^{-20} Gauß cm³.

Die Messung des magnetischen Moments einzelner Atome gelang Stern und Gerlach, indem sie die Ablenkung eines Silberatomstrahls in einem inhomogenen Magnetfeld untersuchten. Silber ist in festem Zustand diamagnetisch, als Dampf paramagnetisch. Ein scharf ausgeblendeter Strahl von Ag-Atomen tritt aus einem Ofen in das Hochvakuum und verläuft parallel zur Kante eines keilförmigen Polschuhs eines Elektromagneten, dem der andere mit einer Furche versehene Polschuh gegenübersteht (Abb. 31). Nach Durchfliegen des Magnetfeldes treffen die Atome auf eine gekühlte Glasplatte, an der sie haften bleiben. Die Kraft, die an den Dipolen angreift, ist (z ist die Feldrichtung)[1]):

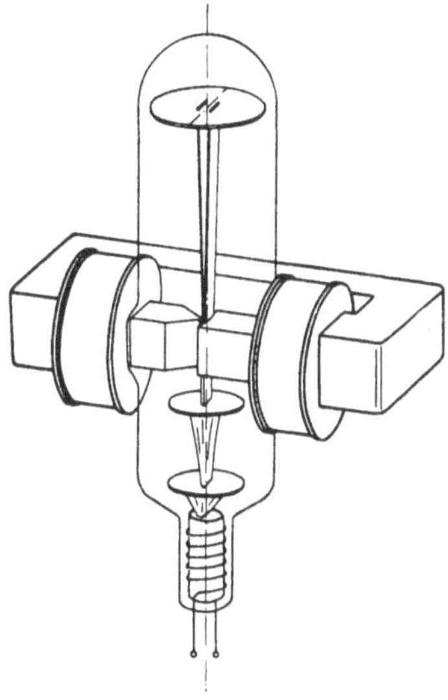

Abb. 31. Prinzip der Apparatur von Stern u. Gerlach zur Messung des magnetischen Moments von Silberatomen

$$(5) \qquad \mathfrak{K} = \mu \frac{d\mathfrak{H}}{dz} \cdot \cos(\vec{\mu}\,\mathfrak{H}) .$$

[1]) Genaueres zur Theorie s. Bd. IV, S. 68.

Ein umlaufendes Elektron gibt dem Atom die Eigenschaften eines Kreisels und nach der klassischen Mechanik sollte jeder Atomkreisel, an dessen magnetischem Moment das Feld mit dem Drehmoment $[\vec{\mu}\,\mathfrak{H}]$ angreift, um die Kraftlinienrichtung eine Präzessionsbewegung beschreiben, ohne den Winkel zwischen $\vec{\mu}$ und $\mathfrak{H}$ zu ändern. Im Atomstrahl ist vor dem Eintritt in das Feld keine Dipolachsenrichtung bevorzugt. Es sollten also mit gleicher Häufigkeit Ablenkungen nach rechts und nach links vorkommen. Solange sich die atomaren Dipole im Magnetfeld befinden, bewegen sie sich auf Parabelbögen und die Ablenkung ist proportional der angreifenden Kraft, aber ihrer kinetischen Energie umgekehrt proportional, die wegen der Maxwellschen Geschwindigkeitsverteilung über einen weiten Bereich streut. So hat man nach der klassischen Physik zu erwarten, daß sich auf der Glasplatte eine nach beiden Seiten kontinuierlich abfallende, symmetrische Spur der Teilchen abzeichnet, mit einem Maximum bei der Ablenkung Null. Statt dessen wurden 2 Streifen gefunden, die symmetrisch zu der Stelle liegen, auf welche die Atome ohne Magnetfeld auftreffen; bei Bewegung im Feld kommen unabgelenkte Atome nicht vor. Versuche mit atomarem Wasserstoff ergeben das gleiche Ablenkungsbild (vgl. Abb. 8, IV, S. 69).

Für das magnetische Moment des Ag-Atoms und auch des H-Atoms erhält man aus der Aufspaltung ein „Bohrsches Magneton“ $\mu = 9{,}27 \cdot 10^{-21}$ Gauß cm^3, s. S. 66. Soweit die nicht angeregten Atome eines Elements magnetische Momente besitzen, sind diese für alle gleich, also atomare Konstanten. Das Experiment zeigt, daß für solche magnetischen Atome die Projektion des magnetischen Dipolmoments μ auf die Feldrichtung, also $\mu \cos(\vec{\mu}\,\mathfrak{H})$, nur ganz bestimmte Werte haben kann. Im Sinn der klassischen Physik gedeutet, heißt dies: die Achsen der atomaren Dipole können nur ganz bestimmte Einstellungen zum

Magnetfeld einnehmen. Man spricht deshalb auch von „Richtungsquantelung".

Übrigens kann das Aufspaltungsbild komplizierter sein als das des Silberatomstrahls. Die Richtungsquantelung ist natürlich nicht auf die paramagnetischen Atome beschränkt, die sich in einem Atomstrahl bewegen, sie gilt auch für die Atome oder Moleküle eines paramagnetischen Gases.

Bohrsches Atommodell und Magneton. Wenn man nach Rutherford im Wasserstoffatom ein den Kern umkreisendes Elektron annimmt, so sollte dieses nach der klassischen Elektrodynamik wegen seiner Beschleunigung fortwährend strahlen, und es müßte wegen der Energieabgabe sein Radius stetig kleiner werden. Andrerseits zeigt aber die Erfahrung, daß Atome im ungestörten Zustand nicht strahlen, vielmehr stabil sind. Bohr nahm deshalb an, daß es bestimmte „stationäre" Zustände[1]) in atomaren Gebilden gibt, eine mit der klassischen Physik unvereinbare Annahme, die aber von der Erfahrung voll bestätigt wird. Im übrigen, bis auf diese Annahme und die Bohrsche Frequenzbedingung (§ 1, Gl. (23)), rechnet die Bohrsche Theorie mit den Gesetzen der klassischen Physik. Sie sagt also: Damit das Elektron sich auf einer Kreisbahn bewegt, muß die Zentrifugalkraft gleich der Coulombschen Anziehung zwischen Kern und Elektron sein:

$$m\omega^2 \cdot r = \frac{e^2}{r^2} . \tag{6}$$

Da diese Bedingung für unendlich viele Wertepaare r und ω erfüllbar ist, aber gleiche Atome natürlich gleiche Radien und daher gleiche Energiewerte besitzen müssen, muß noch eine weitere Bedingung erfüllt werden, welche die stationären Zustände festlegt. Die richtige Auswahl geschieht nach Bohr durch die Forderung, daß die Drehimpulse J der auf den Kreisbahnen umlaufenden Elektronen

[1]) Genaueres zur Bohrschen Theorie in Bd. III, § 2, S. 34.

ganzzahlige Vielfache von $\hbar$ ($\hbar$ = Plancksche Konstante des elementaren Wirkungsquantums, geteilt durch 2π) sein müssen:

$$(7) \qquad J_n = m r^2 \omega = n\,\hbar; \quad n = 1, 2, 3 \ldots .$$

Aus (6) und (7) folgt

$$(8\text{a}) \qquad r = \frac{\hbar^2}{m e^2} \cdot n^2$$

und für Winkelgeschwindigkeit ω und Bahngeschwindigkeit v:

$$(8\text{b}) \qquad \omega = \frac{m e^4}{\hbar^3} \cdot \frac{1}{n^3}\,; \quad r\omega = v = \frac{e^2}{\hbar} \cdot \frac{1}{n}\,.$$

Die Energie wird

$$(8\text{c}) \quad W_n = E_{\text{kin}} + E_{\text{pot}} = \frac{m}{2} v^2 - \frac{e^2}{r} = -\frac{1}{2} \cdot \frac{m e^4}{\hbar^2} \cdot \frac{1}{n^2}$$
$$= \frac{1}{2} E_{\text{pot}} = -E_{\text{kin}}\,.$$

Für $n = 1$ erhält man den Radius der innersten Bahn des Wasserstoffatoms

$$r = a_{\text{H}} = 0{,}529 \cdot 10^{-8}\,\text{cm} \approx \frac{1}{2}\,\text{Å}\,.$$

Dieser Bahnradius wird häufig als atomare Längeneinheit verwendet. Aus (8a) und (8b) folgt für das magnetische Moment des H-Atoms im Grundzustand ($n = 1$; Strom i und Ladung e in elektrostatischen CGS):

$$(9) \qquad \mu_B = \frac{i}{c} f = \frac{e}{c\tau} \cdot \pi r^2 = \frac{ev}{2\pi c r} \cdot \pi r^2 = \frac{evr}{2c}$$
$$= \frac{e}{2mc} \cdot \hbar = \frac{e}{2mc} \cdot J_1 = 9{,}273 \cdot 10^{-21}\,\text{Gauß cm}^3\,;$$

es heißt „Bohrsches Magneton“.

Dies ist aber das im Stern-Gerlach-Versuch gemessene magnetische Moment des H- und Ag-Atoms.

Zwischen dem magnetischen Moment μ und dem Drehimpuls J von umlaufenden Punktladungen mit der Ladung e

und der Masse m besteht allgemein der Zusammenhang[1])

$$\mu = \frac{e}{2mc} \cdot J \,; \tag{10}$$

μ/J heißt gyromagnetisches Verhältnis.

Drehimpuls und magnetisches Moment des Elektrons. Heute weiß man, daß der Drehimpuls der H-Atome im Grundzustand nicht $1 \cdot \hbar$ ist, wie (10) und (9) vermuten lassen, sondern $\frac{1}{2}\,\hbar$. Sie stellen sich so zum Magnetfeld, daß die Projektion des Drehimpulses auf die Feldrichtung $\frac{1}{2}\,\hbar$ oder $-\frac{1}{2}\,\hbar$ beträgt. Dieser Drehimpuls rührt nicht von der Bahnbewegung des Elektrons her, für die (10) gelten würde, sondern von einer Eigendrehung des Elektrons, dem „Elektronenspin". Für den Spin ist das gyromagnetische Verhältnis doppelt so groß wie für die Bahnbewegung[2]):

$$\mu_{\mathrm{Spin}} = \frac{e}{mc} \cdot J_{\mathrm{Spin}} \,. \tag{11}$$

So kommt für den H-Grundzustand als magnetisches Moment doch wieder ein Bohrsches Magneton zustande. (Der Bahndrehimpuls im H-Grundzustand ist Null, wie die heutige Atomtheorie zeigt[3])). In vielen Fällen rühren die magnetischen Momente der Atome sowohl vom Eigendrehimpuls der Elektronen als auch vom Bahndrehimpuls her. Wie sich der gesamte Drehimpuls aus den beiden Anteilen zusammensetzt, wird in Bd. IV, § 3 behandelt. Das gyromagnetische Verhältnis ist für einen so zusammengesetzten Drehimpuls allgemein

$$\frac{\mu}{J} = g \cdot \frac{e}{2mc} \,; \tag{12}$$

g heißt Landé-Faktor (s. Bd. IV, S. 66). Für das Elektron, d. h. seinen Eigendrehimpuls, ist $g = 2$.

---

1) Vgl. Bd. IV, S. 48, Gl. (5).
2) Begründung in IV, § 3 und 7.
3) Siehe III, § 8.

Einstein-de Haas-Effekt. Aus Gl. (10) folgt, daß die Änderung der Magnetisierung eines Körpers eine Änderung seines Drehimpulses zur Folge haben muß. Ein frei drehbarer Körper muß eine Rotation um die Feldrichtung erfahren, wenn er in ein Magnetfeld gebracht wird, denn mit einer Ordnung der Elementarmagnete entsteht ein resultierender Drehimpuls. Um den nach Einstein-de Haas benannten Effekt nachzuweisen, muß man mit ferromagnetischen Stoffen arbeiten, deren Magnetisierbarkeit die der paramagnetischen Stoffe um mehrere Größenordnungen übertrifft. Man hängt einen Eisenstab an einem Quarzfaden in eine Spule, durch die man einen Kondensator aperiodisch entlädt. Da infolge der Remanenz der Stab eine Magnetisierung behält, vollführt der Stab eine Drehschwingung, aus deren Amplitude man auf die Anfangswinkelgeschwindigkeit und auf den durch die Magnetisierung erzeugten Drehimpuls schließen kann. Die Messungen ergaben für das Verhältnis der Änderung des magnetischen Moments zu der des Drehimpulses einen doppelt so großen Wert als nach Gl. (10), also den Landé-Faktor 2. Die Magnetisierung ferromagnetischer Körper wird demnach nicht durch die Ausrichtung der Bahnen von umlaufenden Elektronen verursacht, sondern durch die Parallelstellung der Spinachsen freier Elektronen, welche nach dem Stern-Gerlach-Versuch Träger eines Bohrschen Magnetons sind. Die Stern-Gerlach-Methode läßt sich zur Bestimmung des magnetischen Moments an freien Elektronen (z. B. Kathodenstrahlen) nicht anwenden, weil die Lorentzkraft, die im Magnetfeld an bewegten Elektronen angreift, sehr viel größer ist als die an seinem Moment im inhomogenen Felde.

Drehimpuls und magnetisches Moment des Protons. Auch das Proton hat einen Eigendrehimpuls und zwar den gleichen $\frac{1}{2}\hbar$ wie das Elektron, wie man aus der Existenz zweier Modifikationen des Wasserstoffs, des Ortho- und Parawasserstoffs (IV, S. 114), und aus seinem Molekülspektrum weiß. Die magnetischen Momente der Atomkerne drückt man in „Kernmagnetonen" aus. Das Kernmagneton (KM) erhält man aus (9), wenn man die Elektronenmasse durch die Protonenmasse ersetzt.

$$(13) \qquad 1\,KM = \frac{e\hbar}{2m_P \cdot c} = 5{,}05 \cdot 10^{-24} \text{ Gauß cm}^3.$$

Die erste Messung des magnetischen Moments des Protons gelang Stern und Mitarbeitern nach einer verfeinerten Stern-Gerlach-Methode an einem Orthowasserstoff-Molekülstrahl. Im Ortho-H_2 stehen die Spins der beiden Protonen parallel, so daß das magnetische Moment des Moleküls das Doppelte des Protonenmoments beträgt. Es überlagert sich das Moment des Rotationszustands des Moleküls, auf welches man aus den für sich meßbaren Momenten der Rotation der Parawasserstoffmoleküle schließen kann, für die das resultierende Kernmoment Null ist. Die Messung ergab $\mu_P = 2{,}5\,KM$ mit einem Fehler von 10%.

Rabi und Mitarbeiter haben eine Präzisionsmethode zur Bestimmung des gyromagnetischen Verhältnisses entwickelt, die sich auf viele Kerne anwenden läßt (Abb. 32a): Ein Atom- oder Molekülstrahl durchfliegt ein System von 3 hintereinander angeordneten Magnetfeldern. Das erste Feld (A) ist inhomogen ($H \approx 10^4$ Gauß, $\frac{dH}{dz} \approx 10^5$ Gauß/cm), in ihm orientieren

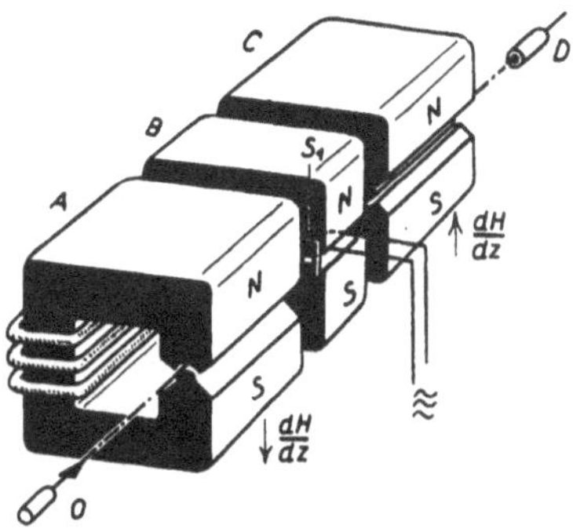

Abb. 32a. Prinzip der Apparatur von Rabi zur Messung des magnetischen Moments von Atomkernen

sich die Kerne wegen ihres Spins infolge der Richtungsquantelung in bestimmte Richtungen gegen das Feld, und dieses bewirkt nun, daß auf den Spalt S_1 Moleküle von verschiedenen Geschwindigkeiten aber gleicher Spinorientierung unter verschiedener Neigung gegen die Achse fokussiert werden. Sie treten dann durch ein homogenes Feld B, in dem sie keine Ablenkung erfahren, aber ihre Orientierung beibehalten. Das Feld C, dessen Richtung mit dem Felde in A übereinstimmt, in dem aber $\frac{dH}{dz}$ entgegengerichtet ist, führt die Strahlen wieder zur Achse zurück, so daß sie in den Auffänger D eintreten. Unter der Wirkung des am magnetischen Moment μ angreifenden Drehmoments präzessieren die gegen das Feld geneigten Dipole um die Feldrichtung; nach einem Satz der Mechanik des Kreisels ist die Präzessionswinkelgeschwindigkeit ω_{Pr} gleich dem Quotienten aus der potentiellen Energie E_{pot} des Kreisels im Kraftfeld und der Projektion des Eigendrehimpulses J auf die Kraftrichtung. ϑ sei der Winkel zwischen Feldrichtung und Kreiselachse; dann ist $E_{\mathrm{pot}} = \mu H \cos\vartheta$ und

$$(14) \qquad \omega_{\mathrm{Pr}} = \frac{\mu H}{J} = 2\pi\nu_{\mathrm{Pr}}\,.$$

Die Präzessionsfrequenz ν_{Pr} ist also unabhängig von der Richtung des Dipols gegen das Feld. Schreibt man den Kern-Drehimpuls $J = j \cdot \hbar$, so erhält man

$$(14\mathrm{a}) \qquad \nu_{\mathrm{Pr}} = \frac{\mu H}{j \cdot h}\,.$$

Nun wird dem homogenen Felde B ein schwaches magnetisches Wechselfeld überlagert, indem man durch eine haarnadelförmig gebogene Drahtschleife einen hochfrequenten Wechselstrom schickt ($\nu \approx 10^6$ Hertz), dessen mit kleiner Amplitude schwingendes Magnetfeld sich dem stationären Magnetfeld überlagert. Wenn die Frequenz gerade auf die Präzessionsfrequenz abgestimmt ist, wirken die Störungen so, daß eine dauernd wachsende Abweichung des Winkels ϑ zustande kommt (Abb. 32b). Im Bilde der Richtungsquantelung: Es findet ein Übergang in einen anderen erlaubten Zustand der möglichen Einstellungen im Felde statt (s. S. 72). Da nun dadurch die Komponente des magnetischen Moments in der

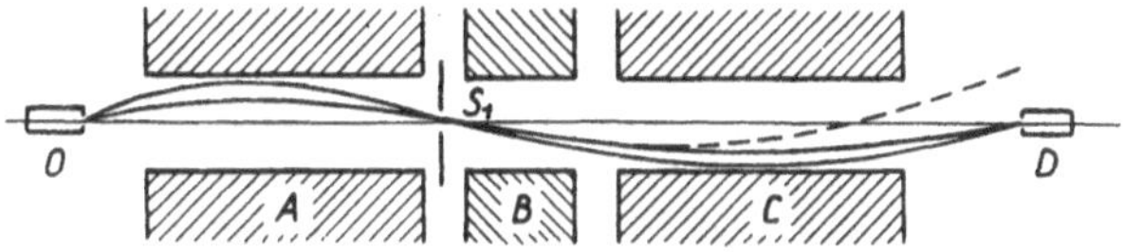

Abb. 32b. Bahn der Atomstrahlen, bei Resonanz gestrichelt

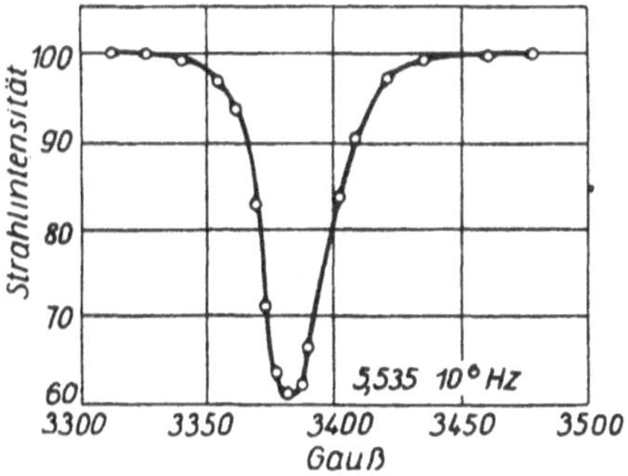

Abb. 32c. Atomstrahlintensität im Auffänger im Gebiet der Resonanz von Präzessionsfrequenz und Wechselstromfrequenz

Feldrichtung geändert ist, verlaufen die Bahnen im Feld C anders und die Moleküle gelangen nicht mehr in den Auffänger. Die Messung wird so durchgeführt, daß die Frequenz des magnetischen Wechselfeldes festgehalten, die Präzessionsfrequenz durch Änderung des Feldes B stetig verändert wird. Bei Übereinstimmung beider Frequenzen nimmt dann wie in Abb. 32c die Intensität im Auffänger ab. Da bei dieser

„Kernresonanzmethode" nur Frequenzen und stationäre Magnetfelder gemessen werden, ist die Meßgenauigkeit groß.

Um einen Kern mit dem Spin $\frac{1}{2}\hbar$ und dem magnetischen Moment μ aus der Parallelstellung zu den Feldlinien in die Antiparallelstellung zu drehen, ist die Arbeit $2\mu H = \frac{\mu H}{{}^1/_2}$ aufzuwenden. Hat er den Drehimpuls $j\hbar$, so sind $2j+1$ Orientierungen gegen das Magnetfeld möglich, für die der Unterschied der Komponenten des Drehimpulses in Feldrichtung bei benachbarten Einstellungen gleich ist. Daher unterscheidet sich die Energie zweier benachbarter Einstellungen um $\frac{2\mu H}{2j} = \frac{\mu H}{j}$. Daß bei Einstellung der Präzessionsfrequenz $\nu_{\mathrm{Pr}} = \frac{\mu H}{j h}$ auf die Wechselstromfrequenz die Neigung der Dipolachsen gegen das Feld sich ändert, läßt also folgende Deutung zu: Aus dem Hochfrequenzfelde wird ein Energiequant $\nu_{\mathrm{Pr}} h = \frac{\mu H}{j}$ aufgenommen und dadurch ein Übergang in den benachbarten Zustand verursacht, wozu nach dem vorigen gerade dieser Energiebetrag aufzuwenden ist. Unter denselben Bedingungen kann auch unter Ausstrahlung dieses Energiebetrages der Übergang in den benachbarten energieärmeren Zustand stattfinden.

Im HD-Molekül orientieren sich wegen des Spins $1 \cdot \hbar$ des Deuteriumkerns die beiden Kerne (im Gegensatz zum H_2-Molekül) in qualitativ verschiedener Weise: Der Drehimpuls des D-Kerns hat 3 Einstellungsmöglichkeiten zum Feld, parallel, antiparallel und senkrecht zum Feld; der Drehimpuls $\frac{1}{2}\hbar$ des H-Kerns nur zwei, parallel und antiparallel zum Feld. Das tiefe Minimum in Abb. 32c entspricht dem Umklappen der Protonen bei Abwesenheit von Molekülrotation. Aus $\nu = \nu_{\mathrm{Pr}}$ (für Resonanzeinstellung) folgt $\mu_{\mathrm{Proton}} = \frac{{}^1/_2 h\nu}{H}$, oder in Kernmagnetonen ausgedrückt

(15) $$\mu_{\text{Proton}} = \frac{{}^1/_2 h\nu}{H} \cdot \frac{4\pi m_{\text{Proton}} c}{eh} = \frac{2\pi\nu}{\frac{e}{m_{\text{Proton}} c} \cdot H};$$

Messung ergab $\mu_{\text{Proton}} = (2{,}785 \pm 0{,}02)\, KM$. Deuteronen haben das magnetische Kernmoment $\mu_{\text{D}} = (0{,}855 \pm 0{,}006)\, KM$.

Die im Rabischen Molekularstrahlversuch ausgenützte magnetische Resonanz der Atomkerne kann auch in festen und flüssigen Körpern hervorgerufen und zur Messung der Kernmomente verwendet werden (Purcell 1946). Wir betrachten einen wasserstoffhaltigen Kristall (z. B. Paraffin). In einem Magnetfeld sind die Protonenspins parallel oder antiparallel zu den Kraftlinien eingestellt, die Energiedifferenz beider Zustände ist $\Delta E = 2\mu_P \cdot H$; $\mu_P = \mu_{\text{Proton}}$. Wegen der thermischen Bewegung der Teilchen und der durch sie hervorgerufenen atomaren Magnetfelder besteht eine Wechselwirkung der Kerne mit dem Gitter; es findet ein Energieaustausch mit dem Gitter statt, so daß die Zahl der parallel und antiparallel eingestellten Protonen nicht gleich ist, sondern die antiparallele Einstellung, zu der die höhere Energie gehört, etwas seltener vorkommt. Anwendung der Maxwellschen Verteilungsformel (s. (25), I, S. 16) gibt für das Verhältnis der Zahl der gegen das Feld zu der in Feldrichtung orientierten Kernspins n (antiparallel): n (parallel) $= n_a : n_p \approx 1 - \frac{\Delta E}{kT} = 1 - \frac{2\mu_p H}{kT}$. (Es ist ΔE sehr klein gegen kT bei normalen Temperaturen.) Daraus folgt $\frac{n_p - n_a}{n_p} = \frac{2\mu_P H}{kT}$ und, da $n_p \approx \frac{n_0}{2}$ (n_0 = Zahl der Protonen im cm^3), so wird die Magnetisierung

$$\mathfrak{M} = \frac{\mu_P H}{kT} \cdot n_0 \mu_P .$$

Für Paraffin erhält man bei 0^0 C im Feld von 10^3 Gauß: $\mathfrak{M} = 4{,}5 \cdot 10^{-7}$ Gauß; diese Magnetisierung ist mit den üblichen Methoden nicht meßbar. (Die Magnetisierung des paramagnetischen Platins beträgt in diesem Felde $2{,}9 \cdot 10^{-1}$ Gauß).

Wenn man nun die kernparamagnetische Substanz in ein Hochfrequenzfeld bringt mit der Frequenz

$$\nu = \frac{\Delta E}{h} = \frac{2\mu_P H}{h}, \tag{16}$$

so wird das Feld Energie an die Kerne abgeben oder von ihnen aufnehmen, z. B. beim Wasserstoffkern durch Auslösen von Übergängen aus der antiparallelen zur Parallelstellung. Da aber von den Kernen wegen der Kopplung mit dem Gitter auch an dieses Energie abgegeben werden kann, die als Wärme erscheint, so vermag eine kernmagnetische Substanz aus einem Hochfrequenzfeld, dessen Frequenz gleich der Kernresonanzfrequenz ist, Energie aufzunehmen. Bringt man nach Purcell eine solche Substanz in das Innere einer von einem Hochfrequenzstrom durchflossenen Spule, die sich in einem senkrecht zur Spulenachse gerichteten starken homogenen, aber veränderlichen Magnetfeld H befindet, so tritt Dämpfung auf, sobald (16) erfüllt ist. Die Dämpfung ist mit den Methoden der Hochfrequenzmeßtechnik sehr genau meßbar und die aus ihr ermittelten Kernmomente haben eine Genauigkeit, welche die der Molekularstrahlmethode noch übertrifft.

Kerninduktion nach Bloch. Wieder sei eine kleine Menge von Wasser oder Paraffin in ein starkes homogenes Magnetfeld H_{0z} gebracht, dem ein magnetisches Wechselfeld $H_x = H_{0x} \cos \omega t$ senkrecht überlagert wird. H_x wird durch eine von hochfrequentem Wechselstrom durchflossene Spule erregt. H_x beeinflußt die Präzession der Kernspins ähnlich, wie frei schwingende Oszillatoren durch eine periodische Kraft zu erzwungenen Schwingungen erregt werden. Die Phasen der erzwungenen Präzession werden kohärent, die Kernmagnetisierung rotiert mit der Winkelgeschwindigkeit ω unter einem Winkel φ gegen H_{0z} um die z-Richtung, der der Gleichung

$$\text{(17)} \qquad \operatorname{tg} \varphi = \frac{H_{0x}}{H_{0z} - H_{0R}}$$

genügt. Hier bedeutet H_{0R} diejenige Feldstärke des konstanten Feldes H_{0z}, für welche die Präzessionsfrequenz ω_{Pr} gleich ω ist. Der Öffnungswinkel nähert sich bei Annäherung von H_{0z} an H_{0R} dem Wert $\frac{\pi}{2}$, die Magnetisierung $\mathfrak{M}$ dreht sich mit der Winkelgeschwindigkeit ω_L in der xy-Ebene; in der y-Richtung entsteht also ein magnetisches Wechselfeld mit der Amplitude $\mathfrak{M}$. Legt man nun um die Probe eine Induktionsspule mit der Windungsebene senkrecht zur y-Achse, so wird in ihr eine Wechselspannung von einigen Millivolt induziert, die über einen Verstärker einer Braunschen Röhre zugeleitet wird. Die Halbwertsbreite dieser Resonanzkurve ist gering, das Maximum sehr scharf. Auch hier hängt die Genauigkeit nur von der Ausmessung des Magnetfeldes H_{0z} und der Frequenz ω_{Pr} ab, die Genauigkeit erreicht 10^{-5} KM. Mit den beschriebenen Kernresonanzmethoden erhält man:

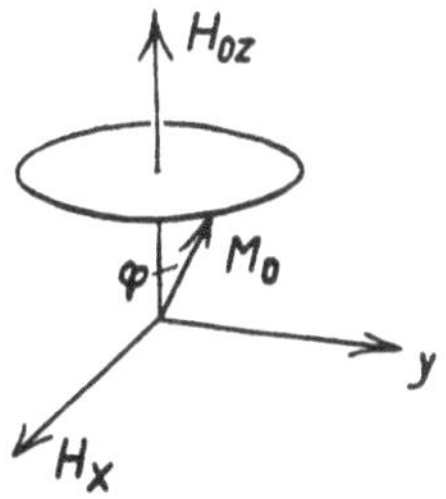

Abb. 33. Zur Blochschen Kerninduktionsmethode

$$\mu_P = (2{,}79275 \pm 0{,}00003)\ KM\ .$$

Vergleich des magnetischen Moments des Protons mit dem des Elektrons. Nach Gardner (1951) läßt sich das magnetische Moment des Protons direkt mit dem Bohrschen Magneton μ_B (Gl. 9) dadurch vergleichen, daß in einem und demselben Magnetfeld die Resonanzfrequenz des Protons mit der „Zyklotronfrequenz" eines freien Elektrons verglichen wird. Elektronen, die in ein Magnetfeld hineinlaufen, schief gegen die Richtung desselben, beschreiben darin Schraubenlinien um die Feldrichtung mit einer Umlaufsfrequenz („Zyklotronfrequenz“ I, S. 45)

$$\nu_e = \frac{1}{2\pi} \cdot \frac{eH}{mc}, \tag{18}$$

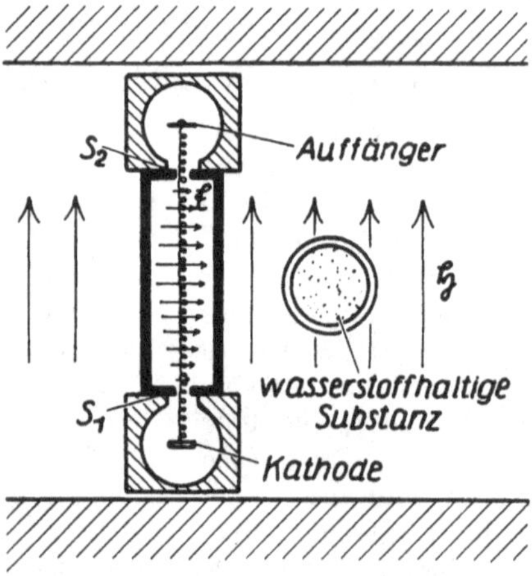

Abb. 34. Vergleich des magnetischen Moments des Protons mit dem des Elektrons nach Gardner

die von der Elektronengeschwindigkeit unabhängig ist. Die Frequenz ν_e kann mit einer Resonanzmethode gemessen werden: Aus einer Kathode läßt man sehr langsame Elektronen durch einen schmalen Spalt S_1 in einen metallischen Hohlraum von rechteckigem Querschnitt treten, der zu hochfrequenten Eigenschwingungen erregt wird (z. B. $\nu = 9{,}4 \cdot 10^9\ Hz$). Sie verlassen den Hohlraum durch einen Spalt S_2 und gelangen auf einen Auffänger. In der Richtung der Verbindungsgeraden der beiden Schlitze wirkt ein homogenes Magnetfeld, um welches sich die Elektronen in vielen

Umläufen auf Schraubenlinien winden. Steigert man das Magnetfeld bis zur Übereinstimmung der Zyklotronfrequenz mit der Frequenz der Hohlraumschwingungen, so nimmt zufolge dieser Resonanz das Elektron auf seinem ganzen Weg zwischen S_1 und S_2 Energie aus dem Wechselfeld auf, die Bahnwindungen weiten sich wie in einem Zyklotron. Wegen der Strahlverbreiterung treten bei Resonanz viel weniger Elektronen durch S_2, der Strom auf den Auffänger nimmt ab.

Unmittelbar neben dem Resonator bringt man in das gleiche Magnetfeld eine wasserstoffhaltige Substanz, die mit einer von einem Hochfrequenzstrom durchflossenen Spule umgeben ist. Man verändert dessen Frequenz, bis sie mit der Präzessionsfrequenz der Protonen im gegebenen Magnetfeld übereinstimmt. Diese Resonanz erkennt man mit der Purcell-Methode an der eintretenden Dämpfung. Nun ist

$$(19) \quad \nu_e : \nu_P = \frac{1}{2\pi} \cdot \frac{eH}{mc} : \frac{2\mu_P H}{h} = \frac{e\hbar}{2mc} : \mu_P = \mu_B : \mu_P \,.$$

Experimentell erhält man: $\nu_e : \nu_P = 657{,}462 \pm 0{,}003$, oder

$$\mu_P = (1{,}52101 \pm 0{,}00002) \cdot 10^{-3}\, \mu_B \,;$$

andrerseits ist nach der Definition des Kernmagnetons μ_K:

$$\mu_B : \mu_K = m_P : m_e = 1836{,}13 \pm 0{,}04 \,,$$

so wird $\mu_P = 2{,}79275\, KM$.

§ 6. Wechselwirkung von Korpuskularstrahlen mit Materie

Die in I, § 5 und 7, II, § 1 und 3 behandelten Prozesse der Streuung, Anregung und Ionisation und die Erregung von Bremsstrahlung bewirken die Absorption von Teilchenstrahlen in Materie. Der Energieverlust eines Teilchens pro Längeneinheit seiner Bahn hängt natürlich von der Größe der Energieverluste im Elementarprozeß, und von der

Häufigkeit ab, mit der es diese Prozesse erregt. Elektronen mit einer Energie von weniger als 10^6 eV und schwere Teilchen (Mesonen, Protonen und α-Teilchen) im ganzen bekannten Energiebereich verlieren ihre Energie fast vollständig durch Anregung und Ionisation, sehr energiereiche Elektronen geben sie fast ausschließlich durch Ausstrahlung von Lichtquanten (Bremsstrahlung) ab.

Um eine Übersicht über die Möglichkeiten zu gewinnen, untersuchen wir die Begegnung geladener Teilchen mit verschiedener Masse auf der Grundlage der klassischen Mechanik. Ihre Massen seien m_1, m_2, ihre Ladungen e_1, e_2. m_1 habe im Laboratoriumssystem in sehr großer Entfernung von m_2 die Geschwindigkeit $\mathfrak{V}_{1a}$, m_2 möge anfangs ruhen. Wir beschreiben die Bewegung im Massenmittelpunkt-(Schwerpunkt-)system. In ihm haben die Teilchen die Polarkoordinaten r_1, r_2 und φ_1, φ_2. Im Schwerpunktsystem gilt

$$(1)\qquad m_1 r_1 = m_2 r_2 \text{ und } \varphi_2 = \varphi_1 + \pi\,.$$

$r_1 + r_2 = r$ ist die gegenseitige Entfernung der Teilchen. Der Energiesatz gibt

$$(2)\qquad \frac{m_1}{2}(\dot r_1^2 + r_1^2\dot\varphi_1^2) + \frac{m_2}{2}(\dot r_2^2 + r_2^2\dot\varphi_2^2) + \frac{e_1 e_2}{r} = W.$$

Die Gesamtenergie W ist gleich der Summe der kinetischen Energien in sehr großem Abstand r. Wegen (1) gilt

$$(3)\qquad W = W_1 + W_2 = \frac{m_1}{2}\dot r_{1a}^2 + \frac{m_2}{2}\dot r_{2a}^2 = \frac{m_1 + m_2}{m_2} W_1\,.$$

Mit (1) und (3) wird (2):

$$(4)\qquad \frac{m_1}{2}(\dot r_1^2 + r_1^2\dot\varphi_1^2) + \frac{e_1 e_2}{r_1}\cdot\frac{m_2^2}{(m_1 + m_2)^2} = W_1\,.$$

Die Bahn von m_1 ist also die eines Teilchens, welches sich gegen ein fest im Schwerpunkt S ruhendes Kraftzentrum mit der Ladung $E = e_2\frac{m_2^2}{(m_1 + m_2)^2}$ bewegt. Die Anwendung des Flächensatzes gibt:

$$(5)\qquad r_1^2\dot\varphi_1 = F = v_{1a}p_1 = \dot r_{1a}p_1\,,$$

wo v_{1a} die Anfangsgeschwindigkeit im Schwerpunktsystem und p_1 der „Stoßparameter“ ist; d. i. die Länge des Lotes von S auf $\mathfrak{v}_{1a}$. Aus (4) und (5) folgt durch Elimination von $\dot\varphi_1$:

$$\dot r^2 = \frac{2W_1}{m_1} - \frac{2e_1 E}{m_1 r_1} - \frac{F^2}{r_1^2}\,.$$

Wir dividieren durch $r_1^4 \dot{\varphi}_1^2 = F^2$ und erhalten mit $\frac{1}{r_1} = \varrho$ und $\varphi_1 = \varphi$:

$$(6) \qquad \left(\frac{d\varrho}{d\varphi}\right)^2 = \frac{2W_1}{m_1 F^2} - \frac{2e_1 E}{m_1 F^2}\varrho - \varrho^2 .$$

Die Lösung ist bei geeigneter Festsetzung der Richtung $\varphi = 0$:

$$(7) \qquad r_1 = \frac{\frac{m_1 F^2}{e_1 E}}{\varepsilon \cos\varphi - 1}, \quad \text{wo } \varepsilon = \sqrt{1 + \frac{2W_1 m_1 F^2}{(e_1 E)^2}} .$$

Dies ist die Gleichung einer Hyperbel mit dem Brennpunkt in S und der numerischen Exzentrizität ε; den halben Asymptotenwinkel erhält man für $r_1 = \infty$: $\cos\varphi_{as} = \frac{1}{\varepsilon}$; $\varphi = 0$ ist die Richtung der Winkelhalbierenden der Asymptoten. Beim Durchgang durch das Kraftfeld wird das Teilchen 1 im Schwerpunktsystem abgelenkt um den Winkel $\vartheta = \pi - 2\varphi_{as}$; es folgt $\cos\varphi_{as} = \sin\frac{\vartheta}{2}$, und schließlich wegen $W_1 = \frac{m_1}{2} v_{1a}^2$ und (5):

$$(8) \qquad \operatorname{tg}\frac{\vartheta}{2} = \frac{e_1 E}{2W_1 p_1} .$$

Diese Gleichung gilt für $m_2 \gg m_1$ auch im Laboratoriumssystem und wird in dieser Form für die Rutherfordsche Theorie der Streuung von α-Teilchen an schweren Atomkernen benützt (I, S. 74, Gl. (2)). Wegen (1) muß die Bahn des Teilchens 2 im Schwerpunktsystem eine ähnliche Hyperbel mit dem gleichen Asymptotenwinkel sein. Daher ist auch die Ablenkung ϑ von 2 die gleiche wie die von 1. Aus (8) und der Definition von E folgt dann

$$(8a) \qquad \operatorname{tg}\frac{\vartheta}{2} = \frac{e_1 e_2}{2W_1 p_1} \cdot \frac{m_2^2}{(m_1 + m_2)^2} = \frac{e_2 e_1}{2W_2 p_2} \cdot \frac{m_1^2}{(m_1 + m_2)^2},$$

oder

$$\frac{m_2^2}{W_1 p_1} = \frac{m_1^2}{W_2 p_2} .$$

p_2 ist der Stoßparameter von 2. Wegen (3) und $W_2 = \frac{m_1}{m_1 + m_2} W$ folgt

$$\frac{m_2}{p_1} = \frac{m_1}{p_2} .$$

Nun ist $p_1 + p_2 = p$ der Abstand zwischen den (einander entgegengesetzten) Anfangsrichtungen von 1 und 2 im Schwerpunktsystem, also auch der Stoßparameter im Laboratoriumssystem. So wird wegen (3) und (8a):

$$\text{(9)} \qquad \operatorname{tg}\frac{\vartheta}{2} = \frac{e_1 e_2}{p}\,\frac{1}{2W}.$$

Die Energie W im Schwerpunktsystem ist mit $\mu = \frac{m_1 m_2}{m_1 + m_2}$:

$$W = \frac{\mu}{2}\,\mathfrak{B}^2{}_a.$$

Aus (9) wird so:

$$\text{(10)} \qquad \operatorname{tg}\frac{\vartheta}{2} = \frac{e_1 e_2}{p\mu\,\mathfrak{B}_{1a}^2}.$$

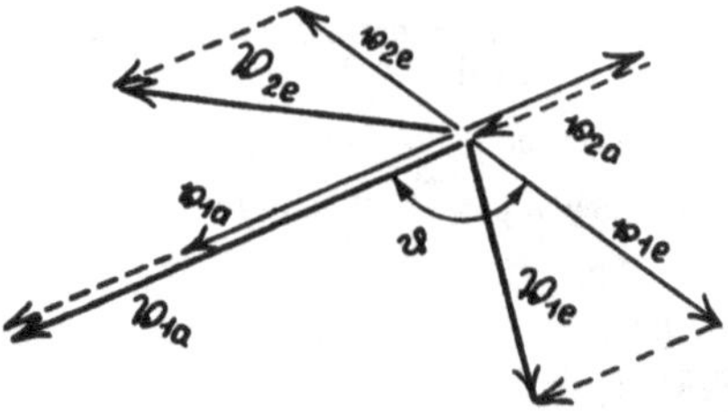

Abb. 35. Anfangs- und Endgeschwindigkeit vor und nach dem Stoß im Schwerpunktsystem ($\mathfrak{v}_{ik}$) und Laboratoriumssystem ($\mathfrak{B}_{ik}$).

In Abb. 35 sind die Anfangs- und Endgeschwindigkeiten im Schwerpunktsystem gezeichnet. Durch Addition von $-\mathfrak{v}_{2a}$ erhält man die dick gezeichneten Geschwindigkeitsvektoren $\mathfrak{B}$ im Laboratoriumssystem. Aus Energie- und Impulserhaltung folgt: $\mathfrak{v}_{2e}^2 = \mathfrak{v}_{2a}^2$, also beträgt der Winkel zwischen $\mathfrak{B}_{1a}$ und $\mathfrak{B}_{2e}$: $\frac{\pi}{2} - \frac{\vartheta}{2}$.

Aus den Ansätzen des § 6 Bd. I folgt, daß die Energie T der Masse m_2 nach dem Stoß durch die Energie E_p der stoßenden Masse m_1 und den Winkel $\frac{\pi - \vartheta}{2}$ gegeben ist gemäß:

$$T = 4\,\frac{\mu}{m_1 + m_2}\,E_p \sin^2\frac{\vartheta}{2}.$$

Mit (10) wird

$$T = \frac{4\mu}{m_1 + m_2} E_p \frac{1}{1 + \left(\frac{2p\mu E_p}{m_1 e_1 e_2}\right)^2}. \tag{11}$$

Bei gegebener Anfangsenergie ist also die auf m_2 übertragene Energie durch den Stoßparameter (den Zielabstand) bestimmt. Anwendung auf Teilchen gleicher Masse und Ladung (z. B. Elektronen) gibt mit $m_1 = m_2 = m$ und $e_1 = e_2 = e$ aus (11):

$$T = E_p \frac{1}{1 + \left(\frac{pE_p}{e^2}\right)^2},$$

und daraus folgt

$$\pi p^2 = \frac{\pi e^4}{T E_p}\left(1 - \frac{T}{E_p}\right). \tag{11a}$$

und für $E_p \gg T$:

$$\pi p^2 \approx \frac{\pi e^4}{T E_p}. \tag{11b}$$

πp^2 ist der Wirkungsquerschnitt für Stöße, bei denen dem gestoßenen Teilchen mindestens die Energie T übertragen wird. Hieraus findet man z. B. für den Wirkungsquerschnitt von Elektronen mit $E_p = 20$ eV, die eine Energie $T \geqq 10$ eV auf ein freies Elektron übertragen: $\pi p^2 = 1{,}6 \cdot 10^{-16}$ cm^2, d. h. $p \approx 7 \cdot 10^{-9}$ cm. Dies ist gerade die Größenordnung eines Atomradius und stimmt mit dem Ionisierungsquerschnitt des Hg-Atoms für Elektronen von 20 eV überein, wobei 10,9 eV aufzuwenden sind. Elektronen von 4000 eV erzeugen pro cm Weg in H_2 von Atmosphärendruck 29 Ionenpaare. Daraus berechnet man als Wirkungsquerschnitt für die Ablösung eines Elektrons $q = 6 \cdot 10^{-19}$ cm^2. Wenn man annimmt, daß im Mittel 20 eV übertragen werden, ergibt sich nach (11b) $q = 8 \cdot 10^{-19}$ cm^2, also die richtige Größenordnung.

Auch das Verhalten des Wirkungsquerschnittes in Abhängigkeit von der Energie nach (11a) entspricht der Erfahrung. πp^2 ist null für $E_p = T$ und steigt zu einem

Maximum bei $E_p = 2\,T$ an. Nach Funk ist dies für die Ionisation von freien Alkaliatomen erfüllt.

Stoß eines schweren gegen ein leichtes Teilchen (Proton-Elektron). Hier wird nach (11) für große E_p:

$$\text{(11c)} \qquad \pi p^2 \approx \frac{m_1}{m_2} \cdot \frac{\pi (e_1 e_2)^2}{T E_p}.$$

Um mit gleichem Wirkungsquerschnitt wie Elektronen zu stoßen, müssen Protonen demnach die $\frac{m_P}{m_{\text{El}}}$-fache Energie von Elektronen haben, also die gleiche Geschwindigkeit.

Der Wirkungsquerschnitt für die Übertragung eines bestimmten Energiebetrages hängt im Gültigkeitsbereich von (11c), d. h. für Energien $E_p \gg \frac{T}{4} \frac{m_1}{m_2} \left(1 + \frac{m_2}{m_1}\right)^2$, die aber noch im nichtrelativistischen Energiebereich liegen, nur von der Ladung und der Geschwindigkeit des stoßenden Teilchens, nicht aber von seiner Masse ab. Das bedeutet, daß die Stoßprozesse von der Stärke des mitgeführten Kraftfeldes und der „Stoßzeit", der Dauer der Einwirkung des Kraftfeldes, abhängen.

Aus (11) folgt für den Wirkungsquerschnitt eines α-Teilchens (Masse M, Ladung $2e$, Geschwindigkeit V) für Stöße, bei denen mindestens die Energie T auf freie Elektronen (Masse m) übertragen wird, wegen $M \gg m$:

$$\text{(11d)} \qquad \pi p^2 = \frac{8\pi e^2}{m V^2} \left(\frac{1}{T} - \frac{1}{2 m V^2}\right).$$

Tritt das Teilchen durch eine Schicht der Dicke dx, die n Atome pro cm^3 enthält mit je Z (zunächst als frei angenommenen) Elektronen, so ist die Zahl der Zusammenstöße, bei denen T übertragen wird:

$$2\pi\,|p\,dp|\,n\,dx\,Z = n\,dx\,Z\,\frac{8\pi e^4}{m V^2} \cdot \frac{dT}{T^2},$$

also der Energieverlust des α-Teilchens pro Längeneinheit:

$$-\frac{dE}{dx} = \frac{8\pi n Z e^4}{m V^2} \cdot \frac{dT}{T} = -MV\frac{dV}{dx}.$$

Eine Integration von $p = 0$ bis ∞ umfaßt (vgl. (11d)) alle Stöße, bei denen Energien im Intervall $2mV^2$ bis 0 übertragen werden. Wegen des $\ln T$ geht das Integral aber gegen ∞, was der Erfahrung widerspricht. Die Annahme freier Elektronen ist natürlich unberechtigt. Gemäß den experimentellen Erfahrungen (II § 3) können Energiebeträge unterhalb eines für die Atome charakteristischen Betrages nicht abgegeben werden. Aber auch ohne Berücksichtigung der quantenhaften Energieabgabe konnte Bohr die Bremsung der α-Teilchen in Materie behandeln: Die Elektronen in den Atomen sind gebunden und nach der Dispersionstheorie zu Eigenschwingungen ν_i befähigt. Steht das Elektron nur kurze Zeit, die klein gegen seine Schwingungsdauer ist, unter der Wirkung des stoßenden Teilchens (kleines p und daher großes T), so gilt der obige Ansatz. Ist aber die Stoßdauer groß gegen die Schwingungsdauer (großes p), so wird weniger Energie übertragen. Man erhält:

$$(12) \qquad -\frac{dE}{dx} = -MV\frac{dV}{dx} = \frac{16\pi e^4 n}{m V^2} \sum_{i=1}^{Z} \log \frac{1{,}123\, V^3}{4\pi\, \nu_i e^2}\, \frac{M m}{(M+m)},$$

wo ν_i die Eigenfrequenz des i^{ten} Atomelektrons ist. Für eine dünne Schicht, in der die Änderung von V nur gering ist, kann man wegen des Logarithmus die rechte Seite als konstant ansehen. Die Integration gibt dann

$$(13) \qquad V_0^4 - V^4 = a x.$$

Dieses Gesetz beschreibt freilich besser die Geschwindigkeitsverluste von Kathodenstrahlen als die von α-Strahlen. Für erstere ist es unter dem Namen „Whiddingtonsches Gesetz" bekannt. a ist eine für das bremsende Material charakteristische Konstante, die nur für dünne Schichten und bestimmte Energieintervalle angegeben werden kann.

Allgemeines über den Durchgang von Teilchenstrahlen durch Materie. Die übersichtlichsten Verhältnisse finden sich bei α-Strahlen und Protonenstrahlen. Wegen der großen Masse geschehen bei der Durchquerung der Atome Ablenkungen unter größeren Winkeln nur an Atomkernen, nicht an Atomelektronen. Diese Streuung ist aber sehr selten, so daß die Bahnspur der Teilchen, besonders in Gasen von geringem Atomgewicht, nahezu geradlinig ist.

Die Teilchenzahl in einem ausgeblendeten Bündel von α-Strahlen mit einheitlicher Anfangsgeschwindigkeit bleibt bis kurz vor dem Bahnende konstant (Kurve 1 in Abb. 36). Die Wegstrecke in Luft bei Normalbedingungen (oder anderem Material) heißt „Reichweite". Die Reichweiten der einzelnen Teilchen sind Schwankungen unterworfen, die sich über 3—4 mm erstrecken. Neben der „mittleren Reichweite" (der Strecke, bei der die Zahl der α-Teilchen in einem Parallelbündel auf die Hälfte abgefallen ist), verwendet man den Begriff der „extrapolierten Reichweite". Sie ist durch

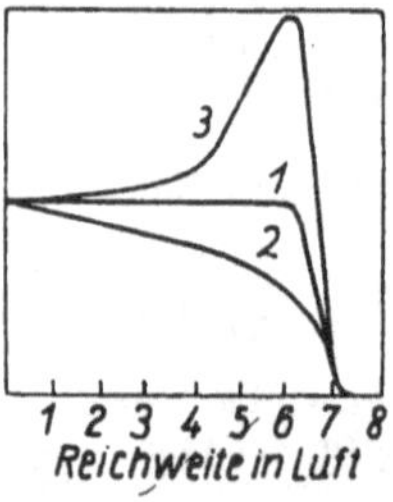

Abb. 36. Durchgang eines parallelen Bündels von α-Strahlen durch Luft
1 Teilchenzahl 2 Geschwindigkeit
3 Ionisierungsvermögen als Funktion der Restreichweite

den Schnitt des linear extrapolierten Abfalls der Teilchenzahlkurve mit der Abszissenachse bestimmt (s. Abb. 36). Kurve 2 in Abb. 36 gibt die Geschwindigkeit der α-Teilchen in Luft als Funktion des zurückgelegten Weges; zwischen ihr und der „Restreichweite", das ist die Strecke R in Luft unter Normalbedingungen, die ein α-Teilchen nach Abbremsung auf die Geschwindigkeit v nun noch zurücklegt, besteht nach Geiger die Beziehung

$$(14) \qquad v^n = \text{const} \cdot R .$$

Dieses empirisch gefundene Gesetz gilt mit $n \approx 3$ befriedigend in dem Energiebereich, der bei α-Strahlen vorkommt (4 bis 8 MeV). Für Protonenstrahlen dieses Energiebereiches ist n etwa 3,5, für kleinere Energie wird der Exponent kleiner, für Energien unter 10^5 eV läßt sich die Reichweite-Geschwindigkeitsbeziehung gut durch den Exponenten 1,5 darstellen. Da sich die Reichweite leicht messen läßt, dient sie häufig zur Bestimmung der Energie der Teilchen, und ihre genaue Zuordnung zur Energie findet sich in allen größeren Tabellenwerken der atomaren Konstanten. Kurve 2 in Abb. 36 zeigt, daß gegen Ende der Reichweite die Geschwindigkeit und daher auch die Energie stark abnehmen. Da der Energieverlust wesentlich auf Ionisation und Anregung der Atome der durchquerten Substanz, also auf Energieabgabe an die gestoßenen Elektronen zurückzuführen ist, entspricht dieses Verhalten den Gln. (11), (11 d) und (12). Die Wellenmechanik gibt nach Bethe als Verbesserung von (12):

$$(15) \quad -\frac{dE}{dx} = \frac{4\pi n e^4 Z^2}{m V^2} \cdot B; \quad B = Z \log\left(\frac{2 m V^2}{J}\right);$$

Z = Kernladung der Atome des bremsenden Gases, J ist eine mittlere Ionisierungsarbeit.

Während die Messung der Anregungsprozesse — etwa durch das emittierte Licht — nur bei Phosphoren oder CdS-Kristallen gelingt, ist die Messung der erzeugten Ionen sowohl am Strahlenbündel als auch am Einzelteilchen möglich. Die auf die Längeneinheit bezogene Ionisation heißt „differentielle" oder „spezifische" Ionisation, auch „Ionisierungsvermögen". Ihre Abhängigkeit von der Restreichweite ist in Kurve 3, Abb. 36 dargestellt. Sie trägt den Namen „Braggsche Kurve". Die Abnahme des Ionisierungsvermögens wird nicht durch Reichweiteschwankungen vorgetäuscht und findet sich auch beim einzelnen Teilchen, das Maximum liegt 4 mm vor dem Reichweitenende.

In Übereinstimmung mit der Theorie ist von einigen MeV an aufwärts das Ionisierungsvermögen des α-Teilchens wegen seiner doppelten Ladung viermal so groß wie das des Protons gleicher Geschwindigkeit. Auf die vom α-Teilchen primär aus den Atomen ausgelösten Elektronen wird häufig soviel Energie übertragen, daß sie zu weiterer Ionisation befähigt sind. Der Bereich um die Spur des Teilchens, in dem 50% der erzeugten Ionen liegen, erfüllt einen Zylinder mit etwa 10^{-9} cm Radius, einzelne Elektronenspuren, die δ-Strahlen (s. Bd. I, Abb. 19, S. 68), reichen mit Energien von einigen Tausend Volt bis zu 0,5 mm aus der Spur heraus. Die Gesamtzahl der erzeugten Ionen ist in guter Näherung der Energie des ionisierenden Teilchens proportional. Das Verhältnis der Energie zur Gesamtionenzahl heißt Ionisierungsaufwand ε; für α-Strahlen in Luft ist $\varepsilon = 35{,}5$ eV pro Ionenpaar. Der Überschuß über die Ionisierungsarbeit wird zur Anregung und, bei mehratomigen Molekülen, zur Dissoziation verbraucht.

Neben der direkten Auslösung von Elektronen durch „Stöße" spielt bei der Ionisation durch schwere Teilchen die von W. Wien entdeckte Umladung eine Rolle: Ein rasch bewegtes Proton oder ein sonstiges Ion nimmt aus dem Gas ein Elektron auf, das entstandene Neutralteilchen bewegt sich mit fast unveränderter Energie weiter, bis es durch Zusammenstoß mit einem Gasatom ein Elektron wieder abspaltet, das zunächst frei ist. Das Strahlteilchen fliegt positiv geladen weiter, so daß das Spiel sich wiederholen kann. Tritt ein Bündel von Teilchen in das Gas ein, so befindet es sich nach Zurücklegen eines hinreichend langen Weges im „Umladungsgleichgewicht"; das Verhältnis w der Zahl der positiven Teilchen zu den neutralen ist konstant, und w ist gleich dem Verhältnis der mittleren Umladungsweglängen λ^+ zur Weglänge λ^0 des neutralen Zustandes. So entstehen räumlich voneinander getrennt in zeitlicher Folge ein positives Ion und davon um den mittleren Weg λ^0 getrennt ein Elektron, nach λ^+ (Weglänge des positiven Zustandes) wieder ein positives Ion usw. Im Kanalstrahlenenergiebereich bis 100 KV ist die Zahl der so entstandenen Ionenpaare von der gleichen Größenordnung wie die der direkt erzeugten Ionenpaare. Oberhalb von 200 KV ist die Umladungswahrscheinlichkeit gering. Für α-Teilchen läßt sie sich auch im MeV-Bereich beobachten. Bei 2 MeV ist $\lambda^{++}/\lambda^{+} \approx 1$; mit abnehmender Energie treten die Teilchen sogar häufiger neutral als einfach geladen auf. Dies verringert das Ionisierungsvermögen der α-Teilchen gegen das Ende der Reichweite; die Ladung ist dort im Mittel nicht $2e$, die Kernladung ist vielmehr durch das eingefangene Elektron abgeschirmt.

Um die Bremswirkung verschiedener Stoffe miteinander zu vergleichen, verwendet man den Begriff des „Luftäquivalents". Es ist die Dicke der Luftschicht, welche die Reichweite der Strahlen um den gleichen Betrag herabsetzt wie die untersuchte Substanz, z. B. eine Metallfolie. Da der differentielle Energieverlust von der Zahl der durchquerten Atome abhängt, kann man die Bremswirkung einzelner Atome auf die der Atome einer Normalsubstanz, z. B. der Luft, beziehen. Eine Schicht mit der Dicke x, der Dichte ϱ und dem Atom- (oder Molekular-)Gewicht A habe das Luftäquivalent x_0. Dann ist bei gleichen Flächen das Verhältnis der Atomanzahlen $\varrho_0 x_0 A : \varrho x A_0 = s$; ϱ_0, A_0 sind Dichte und Molekulargewicht der Luft. s heißt atomares Bremsvermögen. Auf gleiche Geschwindigkeiten der α-Teilchen bezogen, ist s etwa der Wurzel aus der Ordnungszahl proportional; daß es nicht proportional zu Z anwächst, folgt aus der immer stärker werdenden Bindung der inneren Elektronen, welche wegen der Energie- und Impulserhaltung vom stoßenden α-Teilchen nicht mehr die Ablösearbeit übernehmen können. Mit abnehmender α-Teilchengeschwindigkeit gleichen sich aus denselben Gründen die Unterschiede von s immer mehr aus, weil schließlich nur noch die Hüllenelektronen als Stoßpartner zur Verfügung stehen.

Das molekulare Bremsvermögen ist angenähert gleich der Summe der atomaren Bremsvermögen.

Wechselwirkung von Elektronen mit Materie. Im Prinzip unterliegt die Wechselwirkung von Elektronen einerseits und die von Protonen bzw. α-Teilchen andrerseits mit Materie (außer der bei den Elektronen möglichen Abgabe von Energie durch Bremsstrahlung) ähnlichen Gesetzen. Die auffallenden Unterschiede, z. B. im Aussehen der Bahnen, rühren von der kleinen Masse der Elektronen her und von der bei gleicher Energie größeren Geschwindigkeit. Nicht nur die Begegnung mit Kernen, sondern auch mit Atomelektronen kann bei Elektronen zu Streuung unter großen Winkeln führen. Wegen der Massengleichheit beim Stoß Elektron—Elektron setzt der Impulserhaltungssatz keine obere Grenze für die Energieabgabe an das gestoßene Elektron. Wegen der größeren Lineargeschwindigkeit ist die Stoßzeit viel kleiner als bei schweren Teilchen gleicher Energie, und daher ist der Wirkungsquerschnitt für eine Energieübertragung, die zur Anregung oder Ionisierung führt, um Größenordnungen kleiner. Das hat zur Folge, daß wenigstens für $E < 10^5$ eV die Elektronenbahnen stärkere Krümmungen aufweisen; (s. I, Abb. 17, S. 65). Der Begriff der Reichweite behält seine Bedeutung, wenn man die Länge der gekrümmten Bahn ausmißt, was bei Wilsonkammerspuren, aber nicht in Metallfolien möglich ist. Hierbei erhält man die „Wahre Reichweite". Bei Absorptionsmessungen mit Folien ergibt sich eine Foliendicke, durch die gerade keine Elektronen mehr durchgehen. Die Schwächung in der Folie ist groß und die Chance für geradlinige Durchquerung sehr gering. Mißt man mit einem empfindlichen Nachweisgerät (z. B. einem Zählrohr), so findet man so die „Maximale Reichweite" R. Häufig werden die Reichweiten, statt in cm, in g/cm² angegeben, d. i. die Masse der durchstrahlbaren Schicht, geteilt durch ihre Fläche. R beträgt für Elektronen von 7 MeV in Al 3,68 g/cm², für α-Teilchen gleicher Energie etwa 10^{-2} g/cm². Oberhalb 0,6 MeV wird die Abhängigkeit der Elektronenreichweite in Al von ihrer Energie E (in MeV) durch eine lineare Beziehung gegeben:

$$(16) \qquad R = (0{,}526\, E - 0{,}11)\ \mathrm{g/cm^2}.$$

Die differentielle Ionisation s der Elektronen ist wegen gleicher Ladung etwa die gleiche wie bei Protonen gleicher Geschwindigkeit. Das Maximum liegt in Luft bei etwa 200 eV. Den kleinsten Wert erreicht sie zwischen 1 und 10 MeV, um dann zu großen Energien wieder geringfügig anzuwachsen. Im Bereich nahe der Lichtgeschwindigkeit unterscheiden sich die differentielle Ionisation von Elektronen (auch Positronen), Protonen und Mesonen so wenig, daß eine Identifizierung der Teilchen durch Messung von s nicht möglich ist. Der Ionisierungsaufwand ist für Elektronen über einen weiten Energiebereich 34 eV.

Bremsstrahlung. Außer der Energieabgabe an durchquerte Atome, verlieren Elektronen auch Energie durch Ausstrahlung elektromagnetischer Wellen. Nach der klassischen Elektrodynamik ist die pro Zeiteinheit durch die Flächeneinheit im Abstand r vom Elektron gehende Energie:

$$(17) \qquad |\mathfrak{S}| = \frac{e^2 \dot{\mathfrak{v}}^2}{4\pi c^3 r^2} \sin^2 \vartheta\,;$$

ϑ ist der Winkel zwischen Beobachtungsrichtung und Beschleunigungsrichtung $\dot{\mathfrak{v}}$ des Elektrons, s. I, S. 111. Ein auf kurzem Wege gebremstes Elektron sollte also in seiner Flugrichtung nicht strahlen, wohl aber in jeder anderen Richtung, und zwar mit maximaler Intensität senkrecht zu $\dot{\mathfrak{v}}$ nach der in Abb. 37a dargestellten Verteilung.

Bei kleinerer Energie der abgebremsten Elektronen ist (17) nur qualitativ erfüllt. Das Maximum der Ausstrahlung ist nach vorwärts geneigt, und zwar um so mehr, je höher die Geschwindigkeit der ankommenden Elektronen ist (relativistische Voreilung, Sommerfeld).

Auch die aus dem einfachen Bild der linearen Bremsung folgende Polarisation mit dem elektrischen Vektor in der Ebene von $\mathfrak{v}$ und $\mathfrak{r}$ wird bei der Bremsstrahlung beobachtet. Eine quantitative Beschreibung des Vorgangs der Emission der Bremsstrahlung auf der Grundlage der klassischen

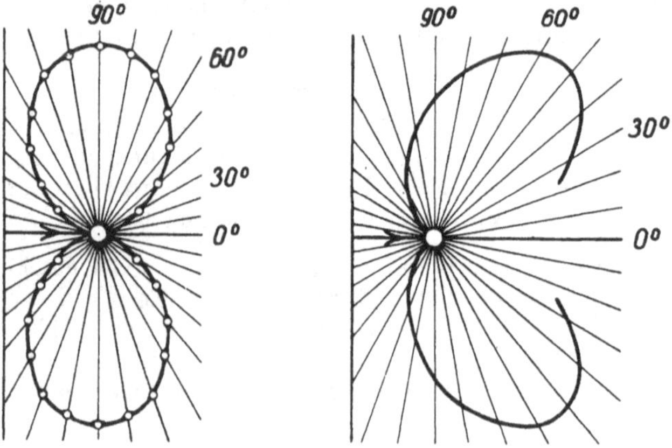

Abb. 37. Ausstrahlung der Röntgenbremsstrahlung in Abhängigkeit von der Neigung gegen die Bremsrichtung
a) Stahlungsdiagramms eines Dipols, b) beobachtet für die Strahlung in der Nähe der kurzwelligen Grenze bei 40 kV aus dünner Antikathode

Elektrodynamik versagt ebenso wie der Versuch, die Ausstrahlung des charakteristischen Linienspektrums der Atome aus ihr abzuleiten.

Das Röntgenspektrum aus massiven Antikathoden. Von großer praktischer Bedeutung ist die Kenntnis des Bremsspektrums aus dicken Antikathoden. Man kann das direkt gemessene Spektrum auf die wellenlängenabhängigen

Absorptionsverluste in der Antikathode korrigieren und erhält, wenn man die Intensität je Frequenzbereich als Funktion der Frequenz aufträgt, eine lineare Abhängigkeit der Intensität J_ν von der Frequenz ν und Ordnungszahl Z des Antikathodenmaterials:

$$J_\nu = C(\nu_0 - \nu)\,, \tag{18}$$

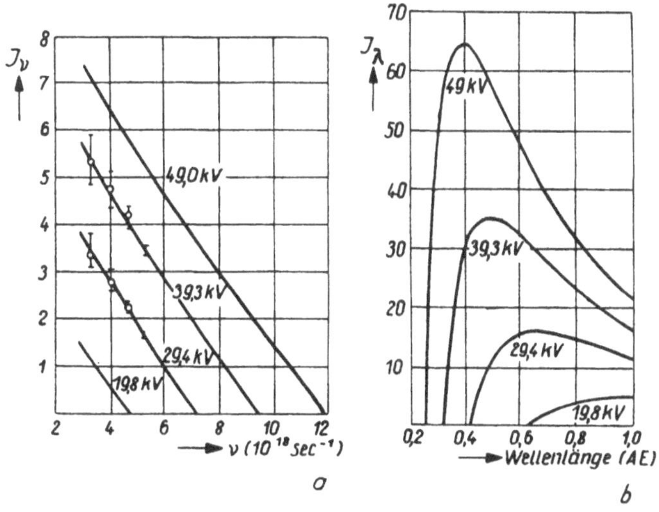

Abb. 38. Intensitätsverteilung im kontinuierlichen Röntgenspektrum einer massiven Antikathode. a) je Frequenzbereich, b) je Wellenlängenbereich

mit $C = 3{,}7 \cdot Z \cdot 10^{-41}$ Watt sec² (Kulenkampff), im Spannungsbereich von 20 bis 50 KV, bezogen auf die Röhrenstromstärke 1 mA. Der Nutzeffekt der Bremsstrahlungserzeugung ist

$$\eta = \frac{\text{Röntgenstrahlenenergie}}{\text{Kathodenstrahlenenergie}} = \eta_0 \cdot Z \cdot U \quad (U \text{ in Volt})\,,$$

mit $\eta_0 \approx 10^{-9}$ Volt^{-1}. Daraus folgt für die Gesamtintensität der Röntgenbremsstrahlung

(19) $$J = C_1 \cdot Z \nu_0^2 = C_2 \cdot Z \cdot U^2 .$$

Die Röntgenstrahlenausbeute an Röntgenröhren mit Wolframantikathode ($Z = 74$) steigt im Spannungsbereich von 10 bis 100 KV von 0,7 bis 7 Promille, ist also sehr klein. Kurven, welche J_ν bzw. J_λ bei konstanter Röhrenspannung U als Funktion von ν oder λ angeben, nennt man „Isothermen", solche, die J_ν bei festgehaltenem ν als Funktion der Röhrenspannung darstellen, heißen „Isochromaten".

Röntgenspektren aus dünnen Anoden. Da die Elektronen bei ihrem Eindringen in eine massive Anode durch Streuung (Diffusion) ihre Richtung ändern und auf ihrem Wege im Material ständig durch Stöße Energie verlieren, ist das Spektrum viel zu kompliziert, um Schlüsse über die Elementarprozesse bei der Bremsstrahlenerzeugung zu ermöglichen.

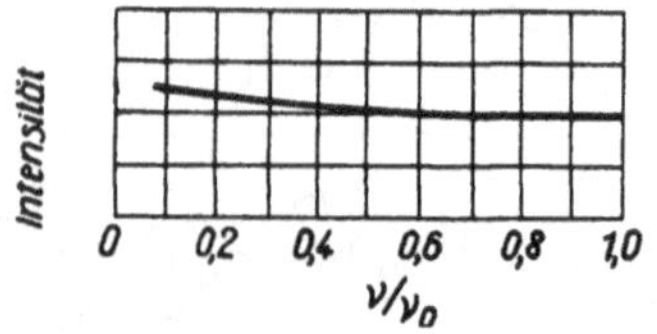

Abb. 39. Spektrum der kontinuierlichen Strahlung aus einer dünnen Anode

Zum Vergleich mit der Theorie verwendet man sehr dünne Metallfolien als Anoden, in denen Streuung und Geschwindigkeitsverluste vernachlässigbar klein sind. Die sehr kleine Intensität der Röntgenstrahlung aus einer dünnen Folie läßt die Verwendung eines Kristallspektrometers nach Bragg nicht zu. (Das Reflexionsvermögen eines Kalkspatkristalls ist im untersuchten Wellenlängenbereich (0,1 bis 1 Å) nur etwa 10^{-4}). Man kann aber zur Ausmessung des Spektrums ein Proportionalzählrohr (I, S. 48) benutzen. Kulenkampff und Amrehn (1953) verwenden ein Zählrohr, das mit Argon von Atmosphärendruck gefüllt ist. Die in ihm absorbierten Quanten lösen im Füllgas Elektronen aus; die Zahl der von jedem Photoelektron erzeugten Ionen ist seiner Energie proportional, und dieser Zahl ist wiederum die Größe des Impulses im

Proportionalzählrohr proportional. So wurde das Bremsspektrum sehr dünner Anoden aus Al, Ni und Sn bei Röhrenspannungen zwischen 25 und 40 KV in einer Richtung senkrecht zum Kathodenstrahl untersucht. Wie die wellenmechanische Theorie (Sommerfeld) fordert, ist in einem weiten Spektralbereich $J_\nu = \text{const}$ (Abb. 39); unterhalb $1/3$ der Grenzfrequenz ν_0 findet man einen Anstieg von J_ν zu kleineren Frequenzen, der etwas steiler ist, als die Theorie erwartet. Die in einem bestimmten Frequenzbereich emittierte Energie ist der Röhrenspannung U umgekehrt proportional: $J_\nu = \frac{\text{const}}{U}$. Auf gleiche Atomzahlen pro Flächeneinheit bezogen, wächst für verschiedene Anodenmaterialien J_ν proportional Z^2.

Polarisation der Bremsstrahlung. Bereits 1905 wies Barkla die Polarisation der Röntgenbremsstrahlung nach. Er ließ ein Bündel von Röntgenstrahlen senkrecht zu den Kathodenstrahlen auf einen leichten Streustrahler fallen. Die Intensität der von ihm ausgehenden klassischen Streustrahlung ist in einer Richtung (1) senkrecht auf der Ebene durch Kathodenstrahl und Streustrahler größer als in der Richtung (2) parallel zum Kathodenstrahl (Abb. 40). Die von der Anode kommende Strahlung ist partiell so polarisiert, daß der elektrische Vektor parallel zur Flugrichtung der Kathodenstrahlen größer ist als der senkrecht schwingende. Wäre die Polarisation vollständig, so daß die Streustrahlung nur von in der Richtung 2 schwingenden Elektronen ausginge, so müßte die Intensität der Streustrahlung in dieser Richtung Null sein, weil eine beschleunigte Ladung in Richtung der Beschleunigung nicht strahlt. Schon wegen der starken Diffusion der Kathodenstrahlelektronen in der massiven Anode kann die Bremsstrahlung nur partiell polarisiert sein, und deswegen wird die Streustrahlung in Richtung 2 nur kleiner als in Richtung 1.

Eine quantitative Aussage über die Polarisation läßt sich also nur an der in sehr dünner Schicht erregten Bremsstrahlung machen. Wegen der sehr kleinen Intensität dieser Bremsstrahlung kann die Barklasche Methode der Untersuchung azimutaler Verteilung der Streustrahlung auf sie nicht angewandt werden. Kulenkampff und Scheer haben die Anfangsrichtung der von Röntgenstrahlen in der *K*-Schale des Argons (s. III, S. 44) ausgelösten Photoelektronen

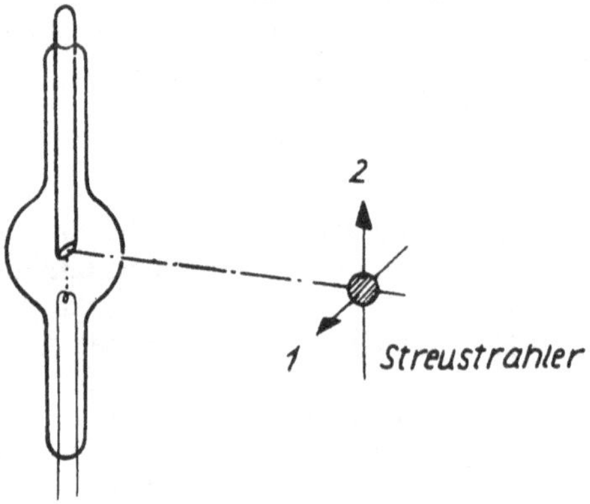

Abb. 40. Zum Nachweis der Polarisierbarkeit von Röntgenstrahlen

in einer Wilsonkammer untersucht. Diese werden nämlich in Richtung des elektrischen Vektors der Welle emittiert. Durch Ausmessung ihrer Reichweite ergibt sich die Energie des Lichtquants $h\nu$ und damit die Frequenz ν. So erhält man aus der statistischen Auswertung den Verlauf des Polarisationsgrades im Spektrum, der in Übereinstimmung mit Sommerfelds Theorie an der kurzwelligen Grenze 1 beträgt und nach kleineren Frequenzen abnimmt.

Bremsstrahlung von sehr energiereichen Elektronen. Die oben beschriebenen Eigenschaften der Bremsstrahlung ändern sich außerordentlich, wenn die kinetische Energie der Elektronen sehr viel größer wird als ihre Ruhenergie E_0: $E \gg E_0 = m_0 c^2$. In diesem Fall gilt für den Zusammenhang von Impuls und Energie (I, S. 35): $E = mc \cdot c \approx mv \cdot c = pc$. Bei vollständiger Umwandlung in Strahlungsenergie $h\nu$ ist also der Impuls des Lichtquants $p_L = h\nu/c$ gleich dem Impuls des Elektrons $p_{El} = E/c$ vor der Ausstrahlung[1]). Nach dem Impulserhaltungssatz muß also das Photon in der Bahnrichtung des Elektrons gestrahlt werden. Für Prozesse $E \gg E_0$, bei denen nicht die ganze Energie ausgestrahlt wird, weichen die Richtungen des Photons und des Elektrons nur wenig von der Flugrichtung des Elektrons vor der Emission ab. Der mittlere Abweichungswinkel des Photons ist $\overline{\vartheta} \approx E_0/E_L$, und der mittlere Streuwinkel des Elektrons nach dem „Stoß" $\overline{\varphi} \approx E_0/E'$ (E' = Energie des Elektrons nach dem Stoß). So bleibt die Röntgen-(γ-) Strahlung sehr eng gebündelt mit dem Maximum in der Einfallsrichtung der Elektronen. Bei einem Betatron mit 30 MeV bildet die Richtung, in der die Intensität auf die Hälfte abgefallen ist, mit der Richtung der auf die Anode auftreffenden Elektronen einen Winkel von nur 3°.

Mit wachsender Elektronenenergie nimmt die Röntgenstrahlausbeute zu, so daß im Bereich höherer Energien der Energieverlust durch Stöße (Ionisation und Anregung), der im „klassischen" Röntgengebiet noch über 99% beträgt, immer mehr hinter dem Strahlungsverlust zurückbleibt. In Wasser ist oberhalb $E = 250\ E_0$ und in Blei schon oberhalb $20\ E_0$ praktisch nur noch der Strahlungsverlust für die Verzehrung der kinetischen Energie der Elektronen verantwortlich zu machen. In diesem Gebiet ist die Wahrscheinlichkeit dw für die Emission eines Photons im Energieintervall

[1]) Dies und die folgenden Aussagen gelten näherungsweise. Streng genommen ist ein weiteres Teilchen am Vorgang beteiligt (etwa ein Kern), dessen Impuls und Energie vernachlässigbar sind, wegen $p_L \approx p_{El}$ und $E \gg m_0 c^2$.

zwischen E_L und $E_L + dE_L$ auf dem Wege Δx unabhängig von der Energie des Elektrons:

$$(20) \qquad dw = \frac{n\sigma}{E_L} \cdot dE_L \cdot \Delta x = \frac{1}{x_0} \frac{dE_L}{E_L} \cdot \Delta x;$$

n ist die Zahl der Atome pro cm^3, σ der Wirkungsquerschnitt für den Prozeß, x_0 heißt „Strahlungslänge". Im Mittel ist also die Energieabgabe durch Ausstrahlung eines Photons mit der Energie E_L auf dem Wege Δx:

$$E_L dw = \frac{1}{x_0} \cdot dE_L \cdot \Delta x .$$

Die gesamte Energieabgabe auf Δx ist:

$$-\Delta E = \int E_L dw = \frac{\Delta x}{x_0} \int_0^E dE_L ,$$

wo E die Energie des Elektrons am Orte von Δx bedeutet. Also ist der mittlere Energieverlust pro cm Weg:

$$(21) \qquad -\frac{\Delta E}{\Delta x} = \frac{E}{x_0} .$$

Daraus folgt für die Energieabgabe auf der Wegstrecke x, in welche das Elektron mit der Energie E_a eintritt:

$$(22) \qquad E = E_a e^{-\frac{x}{x_0}} .$$

Die Strahlungslänge ist also die Strecke, auf der die Energie des Elektrons durch Ausstrahlung auf $1/e$ abfällt. $1/x_0$ ist proportional nZ^2 (Z = Ordnungszahl der durchstrahlten Materie). Z. B. betragen die Strahlungslängen in Luft, Al und Pb in cm: $2{,}81 \cdot 10^4$; 8,77; 0,567.

Harte Röntgenquanten erzeugen im Energiebereich $h\nu \gg 100$ MeV fast ausschließlich Elektronenpaare; die Wahrscheinlichkeit für diesen Vorgang wird für sehr hohe Energien von der Photonenenergie unabhängig. Entsprechend (20) ist die Wahrscheinlichkeit für die Paarerzeugung auf dem Wege Δx aus einem Quant der Energie

E_L, wobei ein Elektron die Energie E im Bereich zwischen E und $E + dE$ mitbekommt (das andere hat dann die Energie $E_L - E$):

$$(23) \qquad dw = \frac{n\sigma}{E} dE \cdot \Delta x = \frac{1}{x_0} \cdot \frac{7}{9} \frac{dE}{E} \cdot \Delta x,$$

mit dem gleichen x_0 wie in (20). Es folgt, daß von N γ-Quanten auf der Strahlungslänge etwa die Hälfte durch Paarbildung verschwinden.

§ 7. Elementarteilchen in der kosmischen Strahlung

An der Erdoberfläche zeigt eine Ionisationskammer einen schwachen Ionenstrom an, der zur Hauptsache von der Strahlung der in der Atmosphäre und im Erdboden vorhandenen Spuren radioaktiver Substanzen erregt wird. Ballonaufstiege, die Heß 1910 und Kolhörster 1912 mit einer Ionisationskammer unternahmen, ergaben wegen der Entfernung vom Boden zunächst eine abnehmende, dann aber mit der Höhe zunehmende Ionisation, welche Heß auf eine aus dem Weltraum einfallende „kosmische Strahlung" (Höhenstrahlung) zurückführte. Umgibt man die Ionisationskammer zur Absorption der Strahlung der radioaktiven Substanzen mit einem dicken Bleipanzer, so bleibt eine Restionisation, die von dieser kosmischen Strahlung herrührt. Man muß die Ionisationskammer auf 1000 m Wassertiefe versenken oder in tiefe Bergwerke bringen, damit die Wirkung der kosmischen Strahlung nicht mehr nachweisbar ist. Es handelt sich bei ihr also um eine Strahlung von außerordentlich großem Durchdringungsvermögen.

Als Meßgeräte zur Untersuchung der kosmischen Strahlung eignen sich das Zählrohr, die Wilsonkammer und die photographische Platte mit einer für kernphysikalische Messungen besonders entwickelten kernphotographischen Emulsion. Auf einer solchen erscheint die Spur eines energiereichen geladenen Teilchens nach der Entwicklung als eine Reihe von Silberkörnern. Die Platte hat gegenüber der Wilsonkammer den Vorzug, während der ganzen Dauer der Bestrahlung „empfindlich" zu sein, so daß sie über große Zeiten integriert und daher zur Untersuchung seltener Prozesse besonders gut geeignet ist.

Nach Abschirmung der radioaktiven Umgebungsstrahlung findet man auf der Erdoberfläche je cm^2 horizontaler Fläche und Minute etwa ein kosmisches Strahlteilchen. Die Gesamtintensität, die aus dem Weltraum auf die Erde fällt, ist ungefähr gleich der des Sternenlichtes. Viele der Strahlteilchen haben so hohe Energien, wie man sie im Laboratorium mit Teilchenbeschleunigern noch nicht erzeugen kann. Das Studium der kosmischen Strahlung hat zu Entdeckungen von außerordentlicher Tragweite geführt.

Wegen der großen Durchdringungsfähigkeit kann man mit den üblichen Verfahren des Ausblendens aus der allseitig einfallenden Strahlung keine Bündel ausblenden. Man kann aber ein Strahlenbündel durch geradlinig hintereinander angeordnete Zählrohre definieren (Abb. 41), die an einen Koinzidenzverstärker geschaltet werden, der nur die Teilchen nachweist, die jedes der Zählrohre durchsetzen und daher auch gleichzeitig erregen („Teleskop"-Anordnung, Bothe und Kolhörster 1929).

Wenn man zwischen die einzelnen Zählrohre Blei schichtet, so nimmt mit wachsender Absorberdicke die Zahl der Koinzidenzen ab, zunächst steil bis etwa 15 cm Bleidicke, dann flacher, und selbst Dicken von 100 cm lassen noch etwa 30% durchtreten. Es wird daher zwischen einer weichen und einer

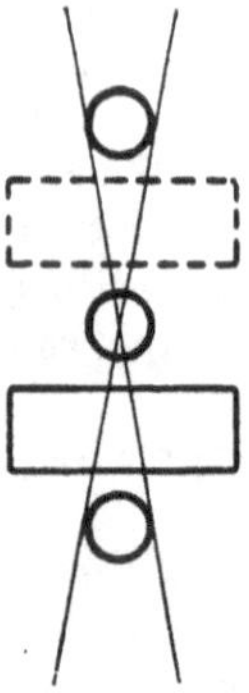

Abb. 41. Teleskopanordnung von Zählrohren

harten Komponente der kosmischen Strahlung unterschieden. „Weich“ nennt man den Anteil, der von 15 cm Pb $\approx$ 167 g/cm² zurückgehalten wird. Führt man die Messungen nicht an der Erdoberfläche, sondern in größeren Höhen aus, so nimmt der Anteil der Teilchen der weichen Komponente an der Gesamtzahl mit wachsender Höhe sehr viel stärker zu als der der harten Komponente.

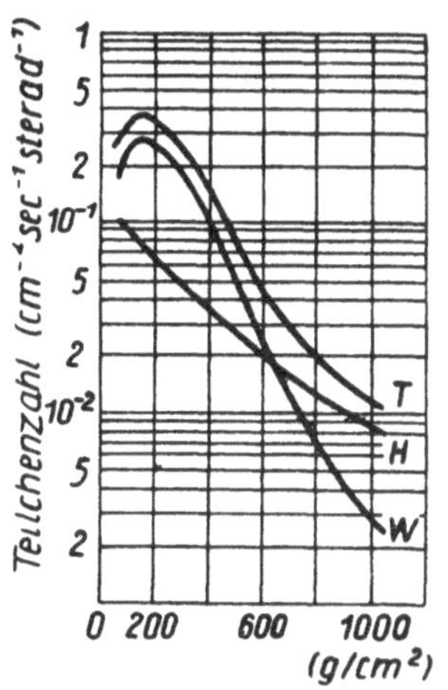

Abb. 42. Teilchenzahl pro cm² und sec und Raumwinkeleinheit in Abhängigkeit von der Masse der darüber lastenden Luftsäule (W: weiche, H: harte Komponente, T: Gesamtstrahlung)

In Abb. 42 ist die Teilchenzahl pro cm², sec und Raumwinkeleinheit als Funktion der über dem Meßort in g/cm² gemessenen Luftsäule aufgetragen. Das Abbiegen der Kurve W bei geringen Luftschichten beweist, daß wir es bei der weichen Komponente nicht mit der primären kosmischen Strahlung zu tun haben, sondern daß sie sich aus der primären erst durch sekundäre Prozesse bildet. Aber auch die harte Komponente entsteht in sehr hohen Schichten der Atmosphäre.

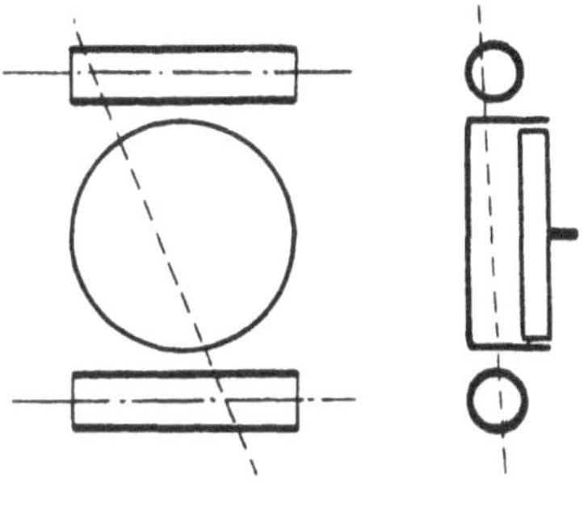

Abb. 43. Prinzip der gesteuerten (selbstauslösenden) Wilsonkammer

Wegen der sehr kleinen Bereitschaftsdauer der Wilsonkammer nach der Expansion und der kleinen Intensität der kosmischen Strahlung findet man bei einer Expansion nur selten eine Spur eines Höhenstrahlungsteilchens. Nach Blackett kann man aber praktisch jede Expansion erfolgreich machen, wenn man das Teilchen selbst die Expansion einleiten läßt. Oberhalb und unterhalb der Kammer bringt man ein oder mehrere Zählrohre an, die an einen Koinzidenzverstärker angeschlossen sind. Ein Teilchen, das beide Zählrohre erregt, hat auch die Kammer durchquert (Abb. 43). Der Koinzidenzimpuls zündet nach Verstärkung ein Thyratron (Stromtor), durch dessen Strom der Expansionsvorgang der Kammer eingeleitet wird. Bei leichtem Expansionskolben ist die Zeitspanne zwischen Durchgang des Teilchens und beendeter Expansion etwa 10^{-2} sec, so daß die Diffusion der Ionen vor der Kondensation des Wasserdampfes, die sich nach erreichter Übersättigung in etwa 10^{-5} sec vollzieht, die Schärfe der Bahnspuren nicht störend beeinflußt.

Die beobachteten Nebelspuren sind sich im allgemeinen sehr ähnlich und stimmen in der Tröpfchendichte weitgehend überein. Das läßt den Schluß zu, daß sie von sehr schnellen Teilchen mit Minimumionisation herrühren, deren Geschwindigkeit praktisch gleich c ist. Da nach § 6 das Ionisierungsvermögen nur von Ladung und Geschwindigkeit, aber nicht von der Masse abhängt, läßt ihr Aussehen eine Unterscheidung zwischen Elektronen und Protonen nicht zu. Ein überlagertes Magnetfeld von der Größenordnung von 10 000 Gauß bewirkt bei vielen Teilchen gut ausmeßbare Krümmungen, aus denen man auf Impulse von der Größenordnung von 10^8 bis 10^9 $\frac{\text{MeV}}{c}$ schließen kann. Spuren mit entgegengesetztem Krümmungssinn, die von positiven und negativen Teilchen herrühren, treten mit gleicher Häufigkeit auf. Aber viele Bahnen sind nicht mehr merklich ablenkbar, es kommen also auch Teilchen mit wesentlich höherer Energie vor.

Derartige Untersuchungen haben ergeben, daß die harte Komponente der kosmischen Strahlung aus Elementarteilchen besteht, die nicht Elektronen sind. Wohl sind sie geladen, denn sie vermögen die Luft zu ionisieren; aus ihrem Ionisierungsvermögen schließt man auf eine einfache Elementarladung. Ihr Energieverlust ist praktisch nur auf Ionisierung und Anregung der durchquerten Atome zurückzuführen; da der Energieverlust pro Ionenpaar 34 eV (s. S. 89) beträgt und sie bei gleicher Geschwindigkeit eine um Größenordnungen größere Reichweite als Elektronen zeigen, müssen sie einen größeren Vorrat an kinetischer Energie, d. h. größere Masse besitzen. Aus Beziehungen zwischen Reichweite und Impuls oder aus der Diskussion von in der Wilsonkammer beobachteten Stößen mit Elektronen findet man die Masse als der „μ-Mesonen" bezeichneten Elementarteilchen $m_\mu = 207\, m_{El}$. Im Gegensatz zu Elektronen erregen sie daher auch keine Bremsstrahlung, weil sie im Coulombschen Feld der durchquerten Atome viel weniger abgelenkt werden. Diese neue Art von Elementarteilchen unterliegt einem spontanen Zerfall in Elektronen. Zur Messung der „Lebensdauer" τ läßt man Mesonen in einem Absorbermaterial am Ende ihrer Reichweite zur Ruhe kommen und mißt mit „verzögerten Koinzidenzen" in geeigneten Zählrohranordnungen die Zahl der Zerfallselektronen, die auf eine bestimmte Anzahl von Mesonen als Funktion der Zeit zwischen Eintritt des Mesons und Emission des Elektrons folgen. Diese Anzahl wird durch eine Exponentialfunktion $z = z_0 e^{-\frac{t}{\tau}}$ beschrieben, aus der man die mittlere Lebensdauer $\tau = 2{,}20 \cdot 10^{-6}$ sec erhält.

Dieser Zerfall bedingt zusätzlich zur Bremsung auch eine Abnahme der Mesonenintensität mit ihrem zurückgelegten

Weg. Die Lebensdauer ändert sich mit der Geschwindigkeit des bewegten Mesons. Ist die Lebensdauer für kleine Geschwindigkeiten τ, so ist sie nach der Relativitätstheorie für einen Beobachter, gegenüber dem sich das Teilchen mit der Geschwindigkeit v bewegt:

$$\tau' = \frac{\tau}{\sqrt{1-\left(\frac{v}{c}\right)^2}}$$

(Zeitdilatation). Also ist der Weg, den das Meson während dieser vom nicht mitbewegten Beobachter gemessenen Lebensdauer τ' zurücklegt im Mittel:

$$\Delta s' = v\tau' = \frac{v \cdot \tau}{\sqrt{1-\left(\frac{v}{c}\right)^2}} = \frac{v}{m_0 c^2} \cdot \frac{m_0 c^2}{\sqrt{1-\left(\frac{v}{c}\right)^2}} \cdot \tau =$$

$$= \frac{v}{m_0 c^2} \cdot E \cdot \tau .$$

Für $E = 10^9$ eV, $m_0 c^2 = 207 \cdot 0{,}511 \cdot 10^6$ eV, und $v \approx c$ wird

$$\Delta s' = \frac{3 \cdot 10^{10}}{1{,}06 \cdot 10^8} \cdot 10^9 \cdot 2{,}20 \cdot 10^{-6} \approx 6 \cdot 10^5 \text{ cm} = 6 \text{ km} .$$

Da die Mesonen zur Hauptsache in Höhen über 30 km entstehen, verursacht der spontane Zerfall von Teilchen mit einer Energie von 10^9 eV oder weniger eine ins Gewicht fallende Intensitätsabnahme.

Das μ-Meson zerfällt in ein Elektron und 2 Neutrinos, das sind Elementarteilchen ohne Ladung mit einer Masse, die sehr viel kleiner ist als die Elektronenmasse; das Energiespektrum der Zerfallselektronen ist kontinuierlich, was einen Zerfall in mindestens 3 Teilchen fordert. Die höchste Energie haben nach diesem Schema die Elektronen, wenn beim Zerfall beide Neutrinos entgegen der Richtung des Elektrons ausgesandt werden. Für die maximale Energie der Zerfallselektronen ergibt sich in guter Übereinstimmung mit der Erfahrung: $E_{El,\max} = 53$ MeV.

Die weiche Komponente der kosmischen Strahlung besteht aus sekundär entstandenen Elektronen und Photonen. Gelegentlich treten „Kaskadenschauer" auf, die aus sehr vielen solcher gleichzeitig eintreffenden Teilchen bestehen, und die zusammen recht große Energie aufweisen können.

Die primären Teilchen der kosmischen Strahlung. μ-Mesonen sind als instabile Elementarteilchen mit sehr kleiner Lebensdauer sicherlich nicht die aus dem kosmischen Raum einfallenden Primärteilchen der kosmischen Strahlung. Messungen mit Ballonen in großen Höhen haben gezeigt, daß auch Elektronen dort sehr selten sind. Daß die Primären aber geladene Teilchen sind, folgt aus Intensitätsmessungen der kosmischen Strahlung in verschiedenen geomagnetischen Breiten und Höhen (s. Abb. 44). Geladene Teilchen, welche vom kosmischen Raum in die Erdatmosphäre eindringen, müssen vorher das ausgedehnte Magnetfeld der Erde durchquert haben, ohne in den Weltraum zurückgelenkt worden zu sein. Sie müssen eine Mindestenergie haben, die sowohl von ihrer Masse als auch von der Neigung ihrer Bahn gegen die magnetische Achse der Erde abhängt. Fallen sie in Richtung der Achse ein, also vertikal an den

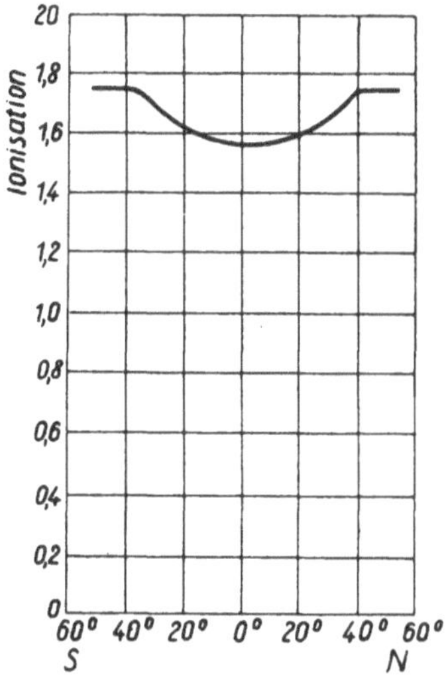

Abb. 44. Abhängigkeit der Intensität der kosmischen Strahlung von der geomagnetischen Breite

Polen, so können Teilchen mit jeder Energie durchkommen, in mittleren Breiten aber müssen z. B. Protonen eine Energie von einigen 10^9 eV besitzen, um senkrecht eindringen zu können. Unter den Teilchen, die gegen den Zenit geneigt einfallen, überwiegt die Einstrahlung aus westlicher Richtung, woraus man auf positive Ladung der Primären schließt.

Mit Kernemulsionsplatten, welche man mittels Ballonen in große Höhen geschickt hat, konnte der Nachweis geführt werden, daß die Primären zur Hauptsache aus Protonen bestehen; es kommen aber auch schwerere Ionen (He, Li, C ...) mit Ordnungszahlen bis über $Z = 14$ vor mit einer Häufigkeitsverteilung, wie sie etwa der Verteilung der Elemente in der kosmischen Materie entspricht. Die hohe Energie gewinnen sie in ausgedehnten elektrischen Feldern, die ihrerseits zum Teil wohl durch sich ändernde Magnetfelder erzeugt werden. Die Energieverteilung der allseitig mit gleicher Intensität einfallenden Teilchen genügt dem Ansatz

$$N(E) = k \cdot E^{-\gamma},$$

wo γ je nach dem spektralen Ausschnitt von 1 bei 10^{10} eV bis 2 bei 10^{15} eV ansteigt.

Es ist einleuchtend, daß die primär aus dem Weltenraum eintreffenden Atomkerne oder Kernbestandteile (Nucleonen) die Lufthülle nicht bis zur Erdoberfläche durchdringen können, weil sie mit den Atomkernen der in der Luft enthaltenen Atome reagieren und bereits 70 g/cm² Luft soviel Atomkernfläche darbieten, daß z. B. die Zahl der unbeeinflußt gebliebenen Protonen auf $^1/_e$ abgesunken ist. Das ist bereits in 20 km Höhe der Fall. Die kosmische Strahlung in tiefen Luftschichten enthält also kaum noch wirkliche kosmische Teilchen, sondern nur noch terrestrische Sekundärteilchen, die in der oberen Lufthülle entstanden sind. Die Aufklärung der Zusammenhänge brachten erstens Untersuchungen mit Kernemulsionsplatten in großen Höhen, die zeigten, daß es eine zweite Art von Mesonen gibt, die π-Mesonen genannt wurden, die eine größere Masse als die μ-Mesonen haben ($m_\pi = 273\, m_{El}$), instabil sind und sich z. B. in ein μ-Meson plus ein Neutrino verwandeln können (Powell 1947), und zweitens die Entdeckung, daß künstlich beschleunigte Nucleonen genügender Energie beim Zusammenstoß mit Nucleonen in Atomkernen solche π-Mesonen bilden können (Gardner u. Lattes 1948).

Damit waren die wesentlichen Erscheinungen der kosmischen Strahlen aufgeklärt: Die primären. aus dem Weltraum kommenden Teilchen stoßen in den oberen Schichten der Atmosphäre mit den Sauerstoff- und Stickstoffkernen zusammen, übertragen ihre Energie zum Teil auf mehrere Kernbestandteile, die den Kern verlassen können und erzeugen gewöhnlich gleichzeitig mehrere π-Mesonen, worunter positive, negative und neutrale π-Mesonen sein werden. Solche „Kernverdampfungen" sind als „Sterne" ebenfalls in Kernemulsionen zu erhalten und lange Zeit bekannt (Blau u. Wambacher 1937), vgl. Abb. 45.

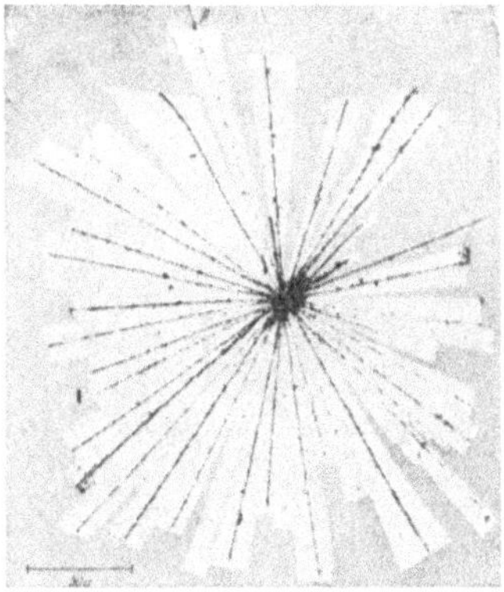

Abb. 45. Verdampfung eines Ag- oder Br-Kerns in einer Photoplatte. p ist wahrscheinlich die Spur des primären Teilchens. (Aus Heisenberg, Vorträge über kosmische Strahlung)

Die verdampften Kernbestandteile haben im Mittel eine Energie von etwa 10 MeV und fliegen nicht weit. Die erzeugten $\pi^{\pm}$-Mesonen haben, wie Messungen an im Laboratorium erzeugten π-Mesonen ergaben, eine mittlere Lebensdauer von $2{,}5 \cdot 10^{-8}$ sec, fliegen also auch bei großer Energie etwa 100mal weniger weit als μ-Mesonen (S. 101). Sie zerfallen also noch bei voller Geschwindigkeit in μ-Mesonen mit entsprechender Energie.

Die μ-Mesonen reagieren fast gar nicht mit Atomkernen und gelangen daher mit mäßiger Absorption als harte Kom-

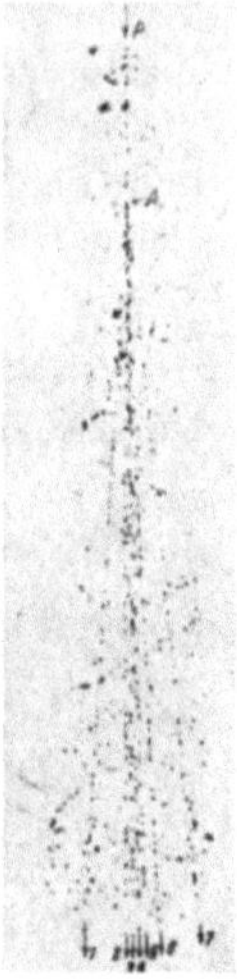

Abb. 46.
Ein primäres Proton von etwa $2 \cdot 10^{13}$ eV erzeugt 7 Mesonen. (Aufnahme von Camerini, Fowler, Lock, Muirhead und Tolm. Phil. Mag. 41, 1950).

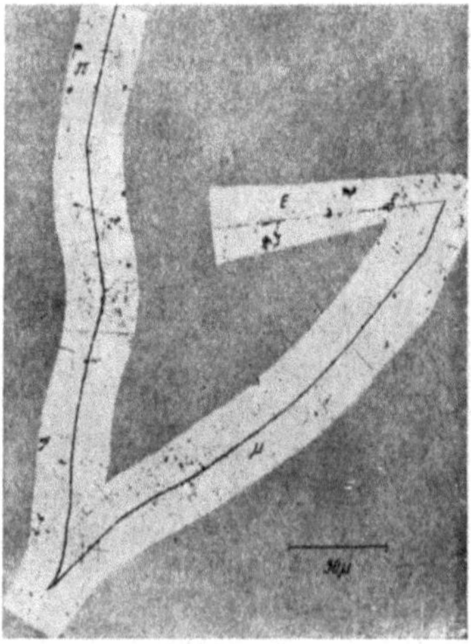

Abb. 47
$\pi \rightarrow \mu \rightarrow e$ - Zerfall
(Aus Heisenberg, Vorträge über kosmische Strahlung)

ponente zur Erde. Abb. 47 zeigt den aufeinanderfolgenden Zerfall $\pi^+ \rightarrow \mu^+ \rightarrow e^+$ eines positiven π-Mesons, das in der Photoplatte zur Ruhe gekommen ist.

Die von den primären Teilchen ebenfalls erzeugten π^0-Mesonen haben eine extrem kurze Lebensdauer

($1{,}9 \cdot 10^{-16}$ sec), und zerfallen in zwei Photonen großer Energie, die mit mehrfachen Kaskadenprozessen, Bildung von Elektronen, Positronen und weiteren Photonen den Hauptteil der weichen Komponente erzeugen.

Tabelle der Elementarteilchen. Die weitere Untersuchung der kosmischen Strahlung mit Kernemulsionsplatten und Wilsonkammern hat ergeben, daß noch andere kurzlebige Elementarteilchen auftreten, wenn auch in wesentlich geringerer Häufigkeit. Da gleichzeitig die Teilchenbeschleuniger (Synchrotron, I. 46) zu immer größeren Energien entwickelt wurden, können die neuen Elementarteilchen auch im Laboratorium hergestellt und meist mit größerer Genauigkeit untersucht werden.

Das wichtigste unter den im Laboratorium hergestellten neuen Elementarteilchen ist das Antiproton p^-. (Chamberlain, Segrè u. Mitarb. 1955). Es verhält sich zum normalen positiven Proton ähnlich wie das Positron e^+ zum normalen Elektron e^-. Das Antiproton hat die gleiche Masse wie das Proton, muß aus Energie erschaffen werden und kann mit dem gewöhnlichen Proton „zerstrahlen". Zur Herstellung von Antiprotonen kann man z. B. Protonen großer Energie auf ruhende Nucleonen schießen. Dabei muß die kinetische Energie der Protonen so groß sein, daß im Schwerpunktsystem mehr als $2\, m_{op}c^2$ an Energie zur Verfügung steht. Dann kann sich aus dieser kinetischen Energie ein Proton-Antiproton-Paar bilden etwa nach folgender Gleichung-

$$p^+ + p^+ \longrightarrow p^+ + p^+ + p^+ + p^-.$$

Im Laborsystem muß die Energie der beschießenden Protonen $> 5{,}8 \cdot 10^9$ eV sein. Die Bildung geschieht durch Vermittlung der Kernkräfte. Bei der Vernichtung eines Positron-Elektron-Paares werden Gammaquanten, nämlich die Quanten des elektromagnetischen Feldes gebildet. Bei der Vernichtung von Antiproton + Proton werden dagegen

Tabelle 3 Elementarteilchen (1962)

Klasse	Teilchen Symbol	Masse in m_{El}	Spin	Mittl. Lebensdauer sec	Zerfall	Anti teilchen
Photon	γ	0	1	—	stabil	γ
Leptonen	ν	0	½	—	stabil	$\bar{\nu}$
	e^-	1	½	—	stabil	e^+
	μ^-	207	½	$2{,}2 \cdot 10^{-6}$	$e^- + \nu + \bar{\nu}$	μ^+
Mesonen	π^0	264	0	$1{,}9 \cdot 10^{-16}$	$2\,\gamma$	π^0
	π^+	273	0	$2{,}5 \cdot 10^{-8}$	$\mu^+ + \nu$ [$+\nu$]	π^-
	K	966	0	$1{,}2 \cdot 10^{-8}$	$\mu + \nu, 2\,\pi, 3\,\pi, e + \pi$	K^-
	K^0	974	0	10^{-10}	$2\pi, 3\pi, e+\pi+\nu,$ $\mu+\pi+\nu$	$\overline{K^0}$
Nukleonen (Baryonen)	p^+	1836	½	—	stabil	p^-
	n	1839	½	$1{,}0 \cdot 10^3$	$p^+ + e^- + \bar{\nu}$	$\bar{n}$
Hyperonen	Λ^0	2182	½	$2{,}5 \cdot 10^{-10}$	$p^+ + \pi, n + \pi^0,$ $p^+ + e + \nu$	$\overline{\Lambda^0}$
	Σ^+	2328	½	$8 \cdot 10^{-11}$	$p^+ + \pi^0, n + \pi^+$	$\overline{\Sigma^+}$
	Σ^0	2332	½	$< 10^{-11}$	$\Lambda^0 + \gamma$	$\overline{\Sigma^0}$
	Σ^-	2342	½	$1{,}6 \cdot 10^{-10}$	$n + \pi^-$	$\overline{\Sigma^-}$
	Ξ^0	2560	½ ?	$1{,}5 \cdot 10^{-10}$	$\Lambda^0 + \pi^0$	$\overline{\Xi^0}$
	Ξ^-	2582	½ ?	$1{,}3 \cdot 10^{-10}$	$\Lambda^0 + \pi^-$	$\overline{\Xi^-}$

die Quanten des Kernfeldes, also hauptsächlich π-Mesonen gebildet. Die vernichtete Masse des Antiproton + Protons findet sich wieder in den Massen der zwei bis sechs gebildeten Mesonen plus ihrer kinetischen Energie.

Ein Antiproton kann auch beim Zusammentreffen mit einem Proton Antineutronen bilden nach der Gleichung

$$p^- + p^+ \longrightarrow \bar{n} + n.$$

Das Antineutron $\bar{n}$ kann seinerseits wieder mit einem gewöhnlichen Neutron unter Bildung mehrerer π-Mesonen zerstrahlen.

In Tabelle 3 sind die bis heute bekannten Elementarteilchen mit ihren wichtigsten Eigenschaften aufgezählt; sie sind zum Teil beim Studium der kosmischen Strahlen entdeckt worden, zum Teil künstlich hergestellt. Positron, Antiproton und Antineutron sind Beispiele für „Antiteilchen", bei denen die direkte Zerstrahlung mit dem zugehörigen „Teilchen" untersucht werden konnte. Man hat aber viele weitere Elementarteilchen gefunden, die als „Antiteilchen" zu einem anderen aufgefaßt werden müssen. Sie sind in der letzten Spalte der Tabelle 3 aufgeführt, für ihre Zerfallsprodukte hat man die „Antiteilchen" der Zerfallsprodukte (Spalte 6) der in Spalte 2 aufgeführten „Teilchen" einzusetzen.

Register zu Band I und II

SAMMLUNG GÖSCHEN

GESAMTVERZEICHNIS

Jeder Band DM 3,60 · Doppelband DM 5,80

Februar 1963

WALTER DE GRUYTER & CO., BERLIN 30

Inhaltsübersicht

Geisteswissenschaften

Philosophie

Einführung in die Philosophie von *H. Leisegang †*. 5. Auflage. 145 Seiten. 1963. In Vorbereitung (281)

Hauptprobleme der Philosophie von *G. Simmel †*. 7., unveränderte Auflage. 177 Seiten. 1950. (500)

Geschichte der Philosophie

I: Die griechische Philosophie von *W. Capelle*. 1. Teil. Von Thales bis Leukippos. 2., erweiterte Auflage. 135 Seiten. 1953. (857)

II: Die griechische Philosophie von *W. Capelle*. 2. Teil. Von der Sophistik bis zum Tode Platons. 2., stark erweiterte Auflage. 144 Seiten. 1953. (858)

III: Die griechische Philosophie von *W. Capelle*. 3. Teil. Vom Tode Platons bis zur Alten Stoa. 2., stark erweiterte Auflage. 132 Seiten. 1954. (859)

IV: Die griechische Philosophie von *W. Capelle*. 4. Teil. Von der Alten Stoa bis zum Eklektizismus im 1. Jh. v. Chr. 2., stark erweiterte Auflage. 132 Seiten. 1954. (863)

V: Die Philosophie des Mittelalters von *J. Koch*. In Vorbereitung. (826)

VI: Von der Renaissance bis Kant von *K. Schilling*. 234 Seiten. 1954. (394/394a)

VII: Immanuel Kant von *G. Lehmann*. In Vorbereitung. (536)

VIII: Die Philosophie des 19. Jahrhunderts von *G. Lehmann*. 1. Teil. 151 Seiten. 1953. (571)

IX: Die Philosophie des 19. Jahrhunderts von *G. Lehmann*. 2. Teil. 168 Seiten. 1953. (709)

X: Die Philosophie im ersten Drittel des 20. Jahrhunderts 1. Teil von *G. Lehmann*. 128 Seiten. 1957. (845)

XI: Die Philosophie im ersten Drittel des 20. Jahrhunderts 2. Teil von *G. Lehmann*. 114 Seiten. 1960. (850)

Die geistige Situation der Zeit (1931) von *K. Jaspers*. 5., unveränderter Abdruck der im Sommer 1932 bearbeiteten 5. Auflage. 211 Seiten. 1960. (1000)

Erkenntnistheorie von *G. Kropp*.
1. Teil: Allgemeine Grundlegung. 143 Seiten. 1950. (807)

Formale Logik von *P. Lorenzen*. 2., verbesserte Auflage. 165 Seiten. 1962. (1176/1176a)

Philosophisches Wörterbuch von *M. Apel †*. 5., völlig neubearbeitete Auflage von *P. Ludz*. 315 Seiten. 1958. (1031/1031a)

Philosophische Anthropologie. Menschliche Selbstdeutung in Geschichte und Gegenwart von *M. Landmann*. 266 Seiten. 1955. (156/156a)

Pädagogik, Psychologie, Soziologie

Geschichte der Pädagogik von *Herm. Weimer.* 15., neubearbeitete und vermehrte Auflage von *Heinz Weimer.* 184 Seiten. 1962. (145)
Therapeutische Psychologie. Ihr Weg durch die Psychoanalyse von *W. M. Kranefeldt.* Mit einer Einführung von *C. G. Jung.* 3. Auflage. 152 Seiten. 1956. (1034)
Allgemeine Psychologie von *Th. Erismann †.* 4 Bände. 2., neubearbeitete Auflage.
I: Grundprobleme. 146 Seiten. 1958. (831)
II: Grundarten des psychischen Geschehens. 248 Seiten. 1959. (832/832 a)
III: Experimentelle Psychologie und ihre Grundlagen. 1. Teil. 112 Seiten, 7 Abbildungen. 1962. (833)
IV: Experimentelle Psychologie und ihre Grundlagen. 2. Teil. 199 Seiten, 20 Abbildungen. 1962. (834/834 a)
Soziologie. Geschichte und Hauptprobleme von *L. von Wiese.* 6. Auflage. 175 Seiten. 1960. (101)
Ideengeschichte der sozialen Bewegung des 19. und 20. Jh. von *W. Hofmann.* 243 Seiten. 1962. (1205/1205 a)
Sozialpsychologie von *P. R. Hofstätter.* 181 Seiten, 15 Abbildungen, 22 Tabellen. 1956. (104/104 a)
Psychologie des Berufs- und Wirtschaftslebens von *W. Moede †.* 190 Seiten, 48 Abbildungen. 1958. (851/851 a)
Industrie- und Betriebssoziologie von *R. Dahrendorf.* 2., umgearbeitete und erweiterte Auflage. 142 Seiten, 3 Figuren. 1962. (103)
Einführung in die Sozialethik von *H.-D. Wendland.* 144 Seiten. 1963. (1203)

Religion

Jesus von *M. Dibelius †.* 3. Auflage, mit einem Nachtrag von *W. G. Kümmel.* 140 Seiten. 1960. (1130)
Paulus von *M. Dibelius †.* Nach dem Tode des Verfassers herausgegeben und zu Ende geführt von *W. G. Kümmel.* 2., durchgesehene Auflage. 155 Seiten. 1956. (1160)
Luther von *F. Lau.* 151 Seiten. 1959. (1187)
Melanchthon von *R. Stupperich.* 139 Seiten. 1960. (1190)
Einführung in die Konfessionskunde der orthodoxen Kirchen von *K. Onasch.* 291 Seiten. 1962. (1197/1197 a)
Geschichte des christlichen Gottesdienstes von *W. Nagel.* 215 Seiten. 1962. (1202/1202 a)
Geschichte Israels. Von den Anfängen bis zur Zerstörung des Tempels (70 n. Chr.) von *E. L. Ehrlich.* 158 Seiten, 1 Tafel. 1958. (231/231 a)
Römische Religionsgeschichte von *F. Altheim.* 2 Bände. 2., umgearbeitete Auflage.
I: Grundlagen und Grundbegriffe. 116 Seiten. 1956. (1035)
II: Der geschichtliche Ablauf. 164 Seiten. 1956. (1052)
Die Religion des Buddhismus von *D. Schlingloff.* 2 Bände.
I: Der Heilsweg des Mönchtums. 122 Seiten, 11 Abbildungen, 1 Karte. 1962. (174)
II: Der Heilsweg für die Welt. In Vorbereitung. (770)

Musik

Musikästhetik von *H. J. Moser.* 180 Seiten. Mit zahlreichen Notenbeispielen. 1953. (344)

Systematische Modulation von *R. Hernried.* 2. Auflage. 136 Seiten. Mit zahlreichen Notenbeispielen. 1950. (1094)

Der polyphone Satz von *E. Pepping.* 2 Bände.
I: Der cantus-firmus-Satz. 2. Auflage. 223 Seiten. Mit zahlreichen Notenbeispielen. 1950. (1148)
II: Übungen im doppelten Kontrapunkt und im Kanon. 137 Seiten. Mit zahlreichen Notenbeispielen. 1957. (1164/1164a)

Allgemeine Musiklehre von *H. J. Moser.* 2., durchgesehene Auflage. 155 Seiten. Mit zahlreichen Notenbeispielen. 1955. (220/220a)

Harmonielehre von *H. J. Moser.* 2 Bände.
I: 109 Seiten. Mit 120 Notenbeispielen. 1954. (809)

Die Musik des 19. Jahrhunderts von *W. Oehlmann.* 180 Seiten. 1953. (170)

Die Musik des 20. Jahrhunderts von *W. Oehlmann.* 312 Seiten. 1961. (171/171a)

Technik der deutschen Gesangskunst von *H. J. Moser.* 3., durchgesehene und verbesserte Auflage. 144 Seiten, 5 Figuren sowie Tabellen und Notenbeispiele. 1954. (576/576a)

Die Kunst des Dirigierens von *H. W. von Waltershausen †.* 2., vermehrte Auflage. 138 Seiten. Mit 19 Notenbeispielen. 1954. (1147)

Die Technik des Klavierspiels aus dem Geiste des musikalischen Kunstwerkes von *K. Schubert †.* 3. Auflage. 110 Seiten. Mit Notenbeispielen. 1954. (1045)

Kunst

Stilkunde von *H. Weigert.* 2 Bände. 3., durchgesehene und ergänzte Auflage.
I: Vorzeit, Antike, Mittelalter. 136 Seiten, 94 Abbildungen. 1958. (80)
II: Spätmittelalter und Neuzeit. 150 Seiten, 88 Abbildungen. 1958. (781)

Archäologie von *A. Rumpf.* 2 Bände.
I: Einleitung, historischer Überblick. 143 Seiten, 6 Abbildungen, 12 Tafeln. 1953. (538)
II: Die Archäologensprache. Die antiken Reproduktionen. 136 Seiten, 7 Abbildungen, 12 Tafeln. 1956. (539)

Geschichte

Einführung in die Geschichtswissenschaft von *P. Kirn.* 4., durchgesehene Auflage. 127 Seiten. 1963. (270)

Einführung in die Zeitgeschichte von *B. Scheurig.* 101 Seiten. 1962. (1204)

Zeitrechnung der römischen Kaiserzeit, des Mittelalters und der Neuzeit für die Jahre 1—2000 n. Chr. von *H. Lietzmann †.* 3. Auflage, durchgesehen von *K. Aland.* 130 Seiten. 1956. (1085)

GEISTESWISSENSCHAFTEN

Kultur der Urzeit von *F. Behn*. 3 Bände. 4. Auflage der Kultur der Urzeit Bd. 1—3 von *M. Hoernes*.

I: Die vormetallischen Kulturen. (Die Steinzeiten Europas. Gleichartige Kulturen in anderen Erdteilen.) 172 Seiten, 48 Abbildungen. 1950. (564)

II: Die älteren Metallkulturen. (Der Beginn der Metallbenutzung, Kupfer- und Bronzezeit in Europa, im Orient und in Amerika.) 160 Seiten, 67 Abbildungen. 1950. (565)

III: Die jüngeren Metallkulturen. (Das Eisen als Kulturmetall, Hallstatt-Latène-Kultur in Europa. Das erste Auftreten des Eisens in den anderen Weltteilen.) 149 Seiten, 60 Abbildungen. 1950. (566)

Vorgeschichte Europas von *F. Behn*. Völlig neue Bearbeitung der 7. Auflage der „Urgeschichte der Menschheit" von *M. Hoernes*. 125 Seiten, 47 Abbildungen. 1949. (42)

Der Eintritt der Germanen in die Geschichte von *J. Haller †*. 3. Auflage, durchgesehen von *H. Dannenbauer*. 120 Seiten, 6 Kartenskizzen. 1957. (1117)

Von den Karolingern zu den Staufern. Die altdeutsche Kaiserzeit (900—1250) von *J. Haller †*. 4., durchgesehene Auflage von *H. Dannenbauer*. 142 Seiten, 4 Karten. 1958. (1065)

Von den Staufern zu den Habsburgern. Auflösung des Reichs und Emporkommen der Landesstaaten (1250—1519) von *J. Haller †*. 2., durchgesehene Auflage von *H. Dannenbauer*. 118 Seiten, 6 Kartenskizzen. 1960. (1077)

Deutsche Geschichte im Zeitalter der Reformation, der Gegenreformation und des dreißigjährigen Krieges von *F. Hartung*. 2., durchgesehene Auflage. 128 Seiten. 1963. (1105)

Deutsche Geschichte von 1648—1740. Politischer und geistiger Wiederaufbau von *W. Treue*. 120 Seiten. 1956. (35)

Deutsche Geschichte von 1713—1806. Von der Schaffung des europäischen Gleichgewichts bis zu Napoleons Herrschaft von *W. Treue*. 168 Seiten. 1957. (39)

Deutsche Geschichte von 1806—1890. Vom Ende des alten bis zur Höhe des neuen Reiches von *W. Treue*. 128 Seiten. 1961. (893)

Deutsche Geschichte von 1890 bis zur Gegenwart von *W. Treue*. In Vorbereitung. (894)

Quellenkunde der Deutschen Geschichte im Mittelalter (bis zur Mitte des 15. Jahrhunderts) von *K. Jacob †*. 3 Bände.

I: Einleitung. Allgemeiner Teil. Die Zeit der Karolinger. 6. Auflage, bearbeitet von *H. Hohenleutner*. 127 Seiten. 1959. (279)

II: Die Kaiserzeit (911—1250). 5. Auflage, neubearbeitet von *H. Hohenleutner*. 141 Seiten. 1961. (280)

III: Das Spätmittelalter (vom Interregnum bis 1500). Herausgegeben von *F. Weden*. 152 Seiten. 1952. (284)

Geschichte Englands von *H. Preller*. 2 Bände.

I: bis 1815. 3., stark umgearbeitete Auflage. 135 Seiten, 7 Stammtafeln, 2 Karten. 1952. (375)

II: Von 1815 bis 1910. 2., völlig umgearbeitete Auflage. 118 Seiten, 1 Stammtafel, 7 Karten. 1954. (1088)

Römische Geschichte von *F. Altheim.* 4 Bände. 2., verbesserte Auflage.
I: Bis zur Schlacht bei Pydna (168 v.Chr.). 124 Seiten. 1956. (19)
II: Bis zur Schlacht bei Actium (31 v.Chr.). 129 Seiten. 1956. (677)
III: Bis zur Schlacht an der Milvischen Brücke (312 n.Chr.). 148 Seiten. 1958. (679)
IV: Bis zur Schlacht am Yarmuk (636 n.Chr.). In Vorbereitung. (684)

Geschichte der Vereinigten Staaten von Amerika von *O. Graf zu Stolberg-Wernigerode.* 192 Seiten, 10 Karten. 1956. (1051/1051 a)

Deutsche Sprache und Literatur

Geschichte der Deutschen Sprache von *H. Sperber.* 4. Auflage, besorgt von *W. Fleischhauer.* 128 Seiten. 1963. In Vorbereitung. (915)

Deutsches Rechtschreibungswörterbuch von *M. Gottschald †.* 2., verbesserte Auflage. 219 Seiten. 1953. (200/200 a)

Deutsche Wortkunde. Kulturgeschichte des deutschen Wortschatzes von *A. Schirmer.* 4. Auflage von *W. Mitzka.* 123 Seiten. 1960. (929)

Deutsche Sprachlehre von *W. Hofstaetter.* 10. Auflage. Völlige Umarbeitung der 8. Auflage. 150 Seiten. 1960. (20)

Stimmkunde für Beruf, Kunst und Heilzwecke von *H. Biehle.* 111 Seiten. 1955. (60)

Redetechnik. Einführung in die Rhetorik von *H. Biehle.* 2., erweiterte Auflage. 151 Seiten. 1961. (61)

Sprechen und Sprachpflege (Die Kunst des Sprechens) von *H. Feist.* 2., verbesserte Auflage. 99 Seiten, 25 Abbildungen. 1952. (1122)

Deutsches Dichten und Denken von der germanischen bis zur staufischen Zeit von *H. Naumann †.* (Deutsche Literaturgeschichte vom 5.—13. Jahrhundert.) 2., verbesserte Auflage. 166 Seiten. 1952. (1121)

Deutsches Dichten und Denken vom Mittelalter zur Neuzeit von *G. Müller* (1270 bis 1700). 3., durchgesehene Auflage. 159 Seiten. 1963. In Vorbereitung. (1086)

Deutsches Dichten und Denken von der Aufklärung bis zum Realismus (Deutsche Literaturgeschichte von 1700—1890) von *K. Viëtor †.* 3., durchgesehene Auflage. 159 Seiten. 1958. (1096)

Der Nibelunge Nôt in Auswahl mit kurzem Wörterbuch von *K. Langosch.* 10., durchgesehene Auflage. 164 Seiten. 1956. (1)

Kudrun und Dietrich-Epen in Auswahl mit Wörterbuch von *O. L. Jiriczek.* 6. Auflage, bearbeitet von *R. Wisniewski.* 173 Seiten. 1957. (10)

Wolfram von Eschenbach. Parzival. Eine Auswahl mit Anmerkungen und Wörterbuch von *H. Jantzen.* 2. Auflage, bearbeitet von *H. Kolb.* 128 Seiten. 1957. (921)

Hartmann von Aue. Der arme Heinrich nebst einer Auswahl aus der „Klage", dem „Gregorius" und den Liedern (mit einem Wörterverzeichnis) herausgegeben von *F. Maurer.* 96 Seiten. 1958. (18)

Gottfried von Strassburg in Auswahl herausgegeben von *F. Maurer.* 142 Seiten. 1959. (22)

Die deutschen Personennamen von *M. Gottschald †*. 2., verbesserte Auflage. 151 Seiten. 1955. (422)
Althochdeutsches Elementarbuch. Grammatik und Texte von *H. Naumann †* und *W. Betz*. 3., verbesserte und vermehrte Auflage. 183 Seiten. 1962. (1111/1111a)
Mittelhochdeutsche Grammatik von *H. de Boor* und *R. Wisniewski*. 3., verbesserte und ergänzte Auflage. 150 Seiten. 1963. (1108)

Indogermanisch, Germanisch

Indogermanische Sprachwissenschaft von *H. Krahe*. 2 Bände. 4., überarbeitete Auflage.
I: Einleitung und Lautlehre. 110 Seiten. 1962. (59)
II: Formenlehre. 124 Seiten. 1963. (64)
Gotisches Elementarbuch. Grammatik, Texte mit Übersetzung und Erläuterungen von *H. Hempel*. 3., umgearbeitete Auflage. 166 Seiten. 1962. (79/79a)
Germanische Sprachwissenschaft von *H. Krahe*. 2 Bände.
I: Einleitung und Lautlehre. 5., überarbeitete Auflage. 149 Seiten. 1963. (238)
II: Formenlehre. 4., überarbeitete Auflage. 149 Seiten. 1961. (780)
Altnordisches Elementarbuch. Schrift, Sprache, Texte mit Übersetzung und Wörterbuch von *F. Ranke*. 2., durchgesehene Auflage. 146 Seiten. 1949. (1115)

Englisch, Romanisch

Altenglisches Elementarbuch. Einführung, Grammatik, Texte mit Übersetzung und Wörterbuch von *M. Lehnert*. 5., verbesserte Auflage. 178 Seiten. 1962. (1125)
Historische neuenglische Laut- und Formenlehre von *E. Ekwall*. 3., durchgesehene Auflage. 150 Seiten. 1956. (735)
Englische Phonetik von *H. Mutschmann †*. 2. Auflage. Etwa 117 Seiten. 1963. In Vorbereitung. (601)
Englische Literaturgeschichte von *F. Schubel*. 4 Bände.
I: Die alt- und mittelenglische Periode. 163 Seiten. 1954. (1114)
II: Von der Renaissance bis zur Aufklärung. 160 Seiten. 1956. (1116)
III: Romantik und Viktorianismus. 160 Seiten. 1960. (1124)
Beowulf von *M. Lehnert*. Eine Auswahl mit Einführung, teilweiser Übersetzung, Anmerkungen und etymologischem Wörterbuch. 3., verbesserte Auflage. 135 Seiten. 1959. (1135)
Shakespeare von *P. Meißner †*. 2. Auflage, neubearbeitet von *M. Lehnert*. 136 Seiten. 1954. (1142)
Italienische Literaturgeschichte von *K. Voßler †*. 5. Auflage, neubearbeitet von *A. Noyer-Weidner*. In Vorbereitung. (125)

Romanische Sprachwissenschaft von *H. Lausberg*. 4 Bände.
I: Einleitung und Vokalismus. 2. Auflage. 160 Seiten. 1963. In Vorbereitung. (128/128a)
II: Konsonantismus. 95 Seiten. 1956. (250)
III: Formenlehre. 1. Teil. 99 Seiten. 1962. (1199)
III: Formenlehre. 2. Teil. S. 99—260. 1962. (1200/1200a)
IV: Wortlehre. In Vorbereitung. (1208)

Griechisch, Lateinisch

Griechische Sprachwissenschaft von *W. Brandenstein*. 2 Bände.
I: Einleitung, Lautsystem, Etymologie. 160 Seiten. 1954. (117)
II: Wortbildung und Formenlehre. 192 Seiten. 1959. (118/118a)
Geschichte der griechischen Sprache. 2 Bände.
I: Bis zum Ausgang der klassischen Zeit von *O. Hoffmann †*. 3. Auflage, bearbeitet von *A. Debrunner †*. 156 Seiten. 1953. (111)
II: Grundfragen und Grundzüge des nachklassischen Griechisch von *A. Debrunner †*. 144 Seiten. 1954. (114)
Geschichte der griechischen Literatur von *W. Nestle*. 2. Bände. 3. Auflage, bearbeitet von *W. Liebich*.
I: 144 Seiten. 1961. (70)
II: In Vorbereitung. (557)
Grammatik der neugriechischen Volkssprache von *J. Kalitsunakis*. 3., völlig neubearbeitete und erweiterte Auflage. 197 Seiten. 1963. (756/756a)
Neugriechisch-deutsches Gesprächsbuch von *J. Kalitsunakis*. 2. Auflage, bearbeitet von *A. Steinmetz*. 99 Seiten. 1960. (587)
Geschichte der lateinischen Sprache von *F. Stolz*. 4. Auflage von *A. Debrunner †*. In Vorbereitung. (492)
Geschichte der römischen Literatur von *L. Bieler*. 2 Bände.
I: Die Literatur der Republik. 160 Seiten. 1961. (52)
II: Die Literatur der Kaiserzeit. 133 Seiten. 1961. (866)

Hebräisch, Sanskrit, Russisch

Hebräische Grammatik von *G. Beer †*. 2 Bände. Völlig neubearbeitet von *R. Meyer*.
I: Schrift-, Laut- und Formenlehre I. 3. Auflage. 157 Seiten. In Vorbereitung. (763/763a)
II: Formenlehre II. Syntax und Flexionstabellen. 2. Auflage. 195 Seiten. 1955. (764/764a)
Hebräisches Textbuch zu *G. Beer-R. Meyer*, Hebräische Grammatik von *R. Meyer*. 170 Seiten. 1960. (769/769a)
Sanskrit-Grammatik von *M. Mayrhofer*. 89 Seiten. 1953. (1158)
Russische Grammatik von *E. Berneker †*. 6., verbesserte Auflage vor *M. Vasmer †*. 155 Seiten. 1961. (66)
Slavische Sprachwissenschaft von *H. Bräuer*. 2 Bände.
I: Einleitung, Lautlehre. 221 Seiten. 1961. (1191/1191a)

Erd- und Länderkunde, Kartographie

Afrika von *F. Jaeger*. Ein geographischer Überblick. 2 Bände. 3. Auflage.
- I: Der Lebensraum. 179 Seiten, 18 Abbildungen. 1963. In Vorbereitung. (910)
- II: Mensch und Kultur. 155 Seiten, 6 Abbildungen. 1963. In Vorbereitung. (911)

Australien und Ozeanien von *H. J. Krug*. 176 Seiten, 46 Skizzen. 1953. (319)

Kartographie von *V. Heissler*. 213 Seiten, 125 Abb., 8 Anlagen. 1962. (30/30a)

Volkswirtschaft, Statistik, Publizistik

Allgemeine Betriebswirtschaftslehre von *K. Mellerowicz*. 4 Bände. 11., durchgesehene Auflage.
- I: 224 Seiten. 1961. (1008/1008a)
- II: 188 Seiten. 1962. (1153/1153a)
- III: 260 Seiten. 1963. (1154/1154a)
- IV: 209 Seiten. 1963. (1186/1186a)

Geschichte der Volkswirtschaftslehre von *S. Wendt*. 182 Seiten. 1961. (1194)

Allgemeine Volkswirtschaftslehre von *A. Paulsen*. 4 Bände.
- I: Grundlegung, Wirtschaftskreislauf. 4., neubearbeitete Auflage. 154 Seiten. 1962. (1169)
- II: Haushalte, Unternehmungen, Marktformen. 4., neubearbeitete Auflage. 168 Seiten, 32 Abbildungen. 1963. (1170)
- III: Produktionsfaktoren. 3. Auflage. 200 Seiten. 1963. (1171)
- IV: Gesamtbeschäftigung, Konjunkturen, Wachstum. 2. Auflage. 174 Seiten. 1962. (1172)

Allgemeine Volkswirtschaftspolitik von *H. Ohm*. 2 Bände.
- I: Systematisch-Theoretische Grundlegung. 137 Seiten, 6 Abbildungen. 1962. (1195)
- II: Der volkswirtschaftliche Gesamtorganismus als Objekt der Wirtschaftspolitik. In Vorbereitung. (1196)

Finanzwissenschaft von *H. Kolms*. 4 Bände.
- I: Grundlegung, Öffentliche Ausgaben. 2. Auflage. 160 Seiten. 1963. In Vorbereitung. (148)
- II: Erwerbseinkünfte, Gebühren und Beiträge; Allgemeine Steuerlehre. 148 Seiten. 1960. (391)
- III: Besondere Steuerlehre. 178 Seiten. 1962. (776)
- IV: Öffentlicher Kredit. Haushaltswesen. Finanzausgleich. In Vorbereitung. (782)

Finanzmathematik von *M. Nicolas.* 192 Seiten, 11 Tafeln, 8 Tabellen und 72 Beispiele. 1959. (1183/1183a)

Industrie- und Betriebssoziologie von *R. Dahrendorf.* 2., umgearbeitete und erweiterte Auflage. 142 Seiten, 3 Figuren. 1962. (103)

Wirtschaftssoziologie von *F. Fürstenberg.* 122 Seiten. 1961. (1193)

Psychologie des Berufs- und Wirtschaftslebens von *W. Moede †.* 190 Seiten, 48 Abbildungen. 1958. (851/851a)

Allgemeine Methodenlehre der Statistik von *J. Pfanzagl.* 2 Bände.
I: Elementare Methoden unter besonderer Berücksichtigung der Anwendungen in den Wirtschafts- und Sozialwissenschaften. 2. Auflage. Etwa 205 Seiten, 35 Abbildungen. 1963. (746/746a)
II: Höhere Methoden unter besonderer Berücksichtigung der Anwendungen in Naturwissenschaft, Medizin und Technik. 295 Seiten, 39 Abbildungen. 1962. (747/747a)

Zeitungslehre von *E. Dovifat.* 2 Bände. 4., neubearbeitete Auflage.
I: Theoretische und rechtliche Grundlagen — Nachricht und Meinung — Sprache und Form. 149 Seiten. 1962. (1039)
II: Redaktion — Die Sparten: Verlag und Vertrieb, Wirtschaft und Technik — Sicherung der öffentlichen Aufgabe. 168 Seiten. 1962. (1040)

Naturwissenschaften

Mathematik

Geschichte der Mathematik von *J. E. Hofmann.* 4 Bände.
I: Von den Anfängen bis zum Auftreten von Fermat und Descartes. 2., verbesserte und vermehrte Auflage. 200 Seiten. 1963. (226/226a)
II: Von Fermat und Descartes bis zur Erfindung des Calculus und bis zum Ausbau der neuen Methoden. 109 Seiten. 1957. (875)
III: Von den Auseinandersetzungen um den Calculus bis zur französischen Revolution. 107 Seiten. 1957. (882)
IV: Geschichte der Mathematik der neuesten Zeit von *N. Stuloff.* In Vorbereitung. (883)

Mathematische Formelsammlung von *F. O. Ringleb.* 7., erweiterte Auflage. 320 Seiten, 40 Figuren. 1960. (51/51a)

Vierstellige Tafeln und Gegentafeln für logarithmisches und trigonometrisches Rechnen in zwei Farben zusammengestellt von *H. Schubert* und *R. Haussner.* 3., neubearbeitete Auflage von *J. Erlebach.* 158 Seiten. 1960. (81)

Fünfstellige Logarithmen mit mehreren graphischen Rechentafeln und häufig vorkommenden Zahlenwerten von *A. Adler.* 4. Auflage, überarbeitet von *J. Erlebach.* 127 Seiten, 1 Tafel. 1962. (423)

Arithmetik von *P. B. Fischer †.* 3. Auflage von *H. Rohrbach.* 152 Seiten, 19 Abbildungen. 1958. (47)

Höhere Algebra von *H. Hasse.* 2 Bände.
I: Lineare Gleichungen. 5., neubearbeitete Auflage. 150 Seiten. 1963. (931)
II: Gleichungen höheren Grades. 4., durchgesehene Auflage. 158 Seiten, 5 Figuren. 1958. (932)

Aufgabensammlung zur höheren Algebra von *H. Hasse* und *W. Klobe.* 3., verbesserte Auflage. 183 Seiten. 1961. (1082)

Elementare und klassische Algebra vom modernen Standpunkt von *W. Krull.* 2 Bände.
I: 3., erweiterte Auflage. 136 Seiten. 1963. In Vorbereitung. (930)
II: 132 Seiten. 1959. (933)

Algebraische Kurven und Flächen von *W. Burau.* 2 Bände.
I: Algebraische Kurven der Ebene. 153 Seiten, 28 Abbildungen. 1962. (435)
II: Algebraische Flächen 3. Grades und Raumkurven 3. und 4. Grades. 162 Seiten, 17 Abbildungen. 1962. (436/436a)

Einführung in die Zahlentheorie von *A. Scholz †.* Überarbeitet und herausgegeben von *B. Schoeneberg.* 3. Auflage. 128 Seiten. 1961. (1131)

Formale Logik von *P. Lorenzen.* 2., verbesserte Auflage. 165 Seiten. 1962. (1176/1176a)

Topologie von *W. Franz.* 2 Bände.
I: Allgemeine Topologie. 144 Seiten, 9 Figuren. 1960. (1181)
II: Algebraische Topologie. In Vorbereitung. (1182)

Elemente der Funktionentheorie von *K. Knopp †*. 6. Auflage. 144 Seiten, 23 Figuren. 1963. In Vorbereitung. (1109)

Funktionentheorie von *K. Knopp †*. 2 Bände. 10. Auflage.

I: Grundlagen der allgemeinen Theorie der analytischen Funktionen. 144 Seiten, 8 Figuren. 1961. (668)

II: Anwendungen und Weiterführung der allgemeinen Theorie. 130 Seiten, 7 Figuren. 1962. (703)

Aufgabensammlung zur Funktionentheorie von *K. Knopp †*. 2 Bände.

I: Aufgaben zur elementaren Funktionentheorie. 6. Auflage. 135 Seiten. 1962. (877)

II: Aufgaben zur höheren Funktionentheorie. 5. Auflage. 151 Seiten. 1959. (878)

Differential- und Integralrechnung von *M. Barner*. (Früher *Witting*). 4 Bände.

I: Grenzwertbegriff, Differentialrechnung. 2. Auflage. Etwa 176 Seiten. 1963. In Vorbereitung. (86/86a)

Gewöhnliche Differentialgleichungen von *G. Hoheisel*. 6., neubearbeitete und erweiterte Auflage. 128 Seiten. 1960. (920)

Partielle Differentialgleichungen von *G. Hoheisel*. 4., durchgesehene Auflage. 128 Seiten. 1960. (1003)

Aufgabensammlung zu den gewöhnlichen und partiellen Differentialgleichungen von *G. Hoheisel*. 4., durchgesehene und verbesserte Auflage. 124 Seiten. 1958. (1059)

Integralgleichungen von *G. Hoheisel*. 2., durchgesehene Auflage. Etwa 125 Seiten. 1963. (1099)

Mengenlehre von *E. Kamke*. 4., verbesserte Auflage. 194 Seiten, 6 Figuren. 1962. (999/999a)

Gruppentheorie von *L. Baumgartner*. 3., neubearbeitete Auflage. 110 Seiten, 3 Tafeln. 1958. (837)

Ebene und sphärische Trigonometrie von *G. Hessenberg †*. 5. Auflage, durchgesehen von *H. Kneser*. 172 Seiten, 60 Figuren. 1957. (99)

Darstellende Geometrie von *W. Haack*. 3 Bände.

I: Die wichtigsten Darstellungsmethoden. Grund- und Aufriß ebenflächiger Körper. 4., durchgesehene und ergänzte Auflage. 113 Seiten, 120 Abbildungen. 1963. (142)

II: Körper mit krummen Begrenzungsflächen. Kotierte Projektionen. 3., durchgesehene Auflage. 129 Seiten, 86 Abbildungen. 1962. (143)

III: Axonometrie und Perspektive. 2., durchgesehene und ergänzte Auflage. 129 Seiten, 100 Abbildungen. 1962. (144)

Analytische Geometrie von *K. P. Grotemeyer*. 2., erweiterte Auflage. 218 Seiten, 73 Abbildungen. 1962. (65/65a)

Nichteuklidische Geometrie. Hyperbolische Geometrie der Ebene von *R. Baldus †*. Durchgesehen und herausgegeben von *F. Löbell*. 3., verbesserte Auflage. 140 Seiten, 70 Figuren. 1953. (970)

Differentialgeometrie von *K. Strubecker* (früher *Rothe*). 3 Bände.

I: Kurventheorie der Ebene und des Raumes. 150 Seiten, 18 Figuren. 1955. (1113/1113a)

II: Theorie der Flächenmetrik. 195 Seiten, 14 Figuren. 1958. (1179/1179a)

III: Theorie der Flächenkrümmung. 254 Seiten, 38 Figuren. 1959. (1180/1180a)

Variationsrechnung von *L. Koschmieder*. 2 Bände. 2., neubearbeitete Auflage.
I: Das freie und gebundene Extrem einfacher Grundintegrale. 128 Seiten, 23 Figuren. 1962. (1074)
II: Anwendung klassischer Verfahren auf allgemeine Fragen des Extrems. — Neuere unmittelbare Verfahren. In Vorbereitung. (1075)

Einführung in die konforme Abbildung von *L. Bieberbach*. 5., erweiterte Auflage. 180 Seiten, 42 Figuren. 1956. (768/768a)

Vektoren und Matrizen von *S. Valentiner*. 2. Auflage. (9., erweiterte Auflage der „Vektoranalysis"). Mit Anhang: Aufgaben zur Vektorrechnung von *H. König*. 202 Seiten, 35 Figuren. 1960. (354/354a)

Versicherungsmathematik von *F. Böhm*. 2 Bände.
I: Elemente der Versicherungsrechnung. 3., vermehrte und verbesserte Auflage. Durchgesehener Neudruck. 151 Seiten. 1953. (180)
II: Lebensversicherungsmathematik. Einführung in die technischen Grundlagen der Sozialversicherung. 2., verbesserte und vermehrte Auflage. 205 Seiten. 1953. (917/917a)

Finanzmathematik von *M. Nicolas*. 192 Seiten, 11 Tafeln, 8 Tabellen und 72 Beispiele. 1959. (1183/1183a)

Physik

Einführung in die theoretische Physik von *W. Döring*. 5 Bände.
I: Mechanik. 2., verbesserte Auflage. 123 Seiten, 25 Abbildungen. 1960. (76)
II: Das elektromagnetische Feld. 2., verbesserte Auflage. 132 Seiten, 15 Abbildungen. 1962. (77)
III: Optik. 2., verbesserte Auflage. 117 Seiten, 32 Abbildungen. 1963. (78)
IV: Thermodynamik. 107 Seiten, 9 Abbildungen. 1956. (374)
V: Statistische Mechanik. 114 Seiten, 12 Abbildungen. 1957. (1017)

Mechanik deformierbarer Körper von *M. Päsler*. 199 Seiten, 48 Abbildungen. 1960. (1189/1189a)

Atomphysik von *K. Bechert*, *Ch. Gerthsen †* und *A. Flammersfeld*. 7 Bände.
I: Allgemeine Grundlagen. 1. Teil. 4., durchgesehene Auflage von *A. Flammersfeld*. 124 Seiten, 35 Abbildungen. 1959. (1009)
II: Allgemeine Grundlagen. 2. Teil. 4., umgearbeitete Auflage von *A. Flammersfeld*. Etwa 112 Seiten. 1963. (1033)
III: Theorie des Atombaus. 1. Teil von *K. Bechert*. 4., umgearbeitete Auflage. 148 Seiten, 16 Abbildungen. 1963. (1123/1123a)
IV: Theorie des Atombaus. 2. Teil von *K. Bechert*. 4., umgearbeitete Auflage. 170 Seiten, 14 Abbildungen. 1963. In Vorbereitung. (1165/1165a)

Differentialgleichungen der Physik von *F. Sauter*. 3., durchgesehene und ergänzte Auflage. 148 Seiten, 16 Figuren. 1958. (1070)

Physikalische Formelsammlung von *G. Mahler †*. Neubearbeitet von *H. Graewe*. 11. Auflage. 153 Seiten, 69 Figuren. 1963. (136)

Physikalische Aufgabensammlung von *G. Mahler †*. Neubearbeitet von *K. Mahler*. Mit den Ergebnissen. 11. Auflage. 127 Seiten. 1961. (243)

Chemie

Geschichte der Chemie in kurzgefaßter Darstellung von *G. Lockemann*. 2 Bände.
I: Vom Altertum bis zur Entdeckung des Sauerstoffs. 142 Seiten, 8 Bildnisse. 1950. (264)
II: Von der Entdeckung des Sauerstoffs bis zur Gegenwart. 151 Seiten, 16 Bildnisse. 1955. (265/265a)

Anorganische Chemie von *W. Klemm*. 12., neubearbeitete und erweiterte Auflage. 255 Seiten, 34 Abbildungen. 1962. (37/37a)

Organische Chemie von *W. Schlenk*. 9., erweiterte Auflage. 273 Seiten, 16 Abbildungen. 1963. (38/38a)

Physikalische Methoden in der Organischen Chemie von *G. Kresze*. 2 Bände.
I: 119 Seiten, 65 Abbildungen. 1962. (44)
II: 164 Seiten. 1962. (45/45a)

Allgemeine und physikalische Chemie von *W. Schulze*. 2 Bände.
I: 5., durchgesehene Auflage. 139 Seiten, 10 Figuren. 1960. (71)
II: 5., verbesserte Auflage. 178 Seiten, 37 Figuren. 1961. (698/698a)

Einfache Versuche zur allgemeinen und physikalischen Chemie von *E. Dehn*. 371 Versuche mit 40 Abbildungen. 272 Seiten. 1962. (1201/1201a)

Molekülbau. Theoretische Grundlagen und Methoden der Strukturermittlung von *W. Schulze*. 123 Seiten, 43 Figuren. 1958. (786)

Physikalisch-chemische Rechenaufgaben von *E. Asmus*. 3., verbesserte Auflage. 96 Seiten. 1958. (445)

Maßanalyse. Theorie und Praxis der klassischen und der elektrochemischen Titrierverfahren von *G. Jander* und *K. F. Jahr*. 9., durchgesehene Auflage. 313 Seiten, 49 Figuren. 1961. (221/221a)

Qualitative Analyse von *H. Hofmann* u. *G. Jander*. 308 Seiten, 5 Abbildungen. 1960. (247/247a)

Thermochemie von *W. A. Roth †*. 2., verbesserte Auflage. 109 Seiten, 16 Figuren. 1952. (1057)

Stöchiometrische Aufgabensammlung von *W. Bahrdt †* und *R. Scheer*. Mit den Ergebnissen. 7., durchgesehene Auflage. 119 Seiten. 1960. (452)

Elektrochemie von *K. Vetter*. 2 Bände.
I: 1963. In Vorbereitung. (252)
II: 1963. In Vorbereitung. (253)

Technologie

Die Chemie der Kunststoffe von *K. Hamann*, unter Mitarbeit von *W. Funke* und *H. D. Hermann*. 143 Seiten. 1960. (1173)
Warenkunde von *K. Hassak* und *E. Beutel †*. 2 Bände.
I: Anorganische Waren sowie Kohle und Erdöl. 8. Auflage. Neubearbeitet von *A. Kutzelnigg*. 119 Seiten, 18 Figuren. 1958. (222)
II: Organische Waren. 8. Auflage. Vollständig neubearbeitet von *A. Kutzelnigg*. 157 Seiten, 32 Figuren. 1959. (223)
Die Fette und Öle von *Th. Klug*. 6., verbesserte Auflage. 143 Seiten. 1961. (335)
Die Seifenfabrikation von *K. Braun †*. 3., neubearbeitete und verbesserte Auflage von *Th. Klug*. 116 Seiten, 18 Abbildungen. 1953. (336)
Thermische Verfahrenstechnik von *H. Bock*. 3 Bände.
I: Eigenschaften und Verhalten der realen Stoffe. 1963. Im Druck. (1209/1209a)
Textilindustrie von *A. Blümcke*.
I: Spinnerei und Zwirnerei. 111 Seiten, 43 Abbildungen. 1954. (184)

Biologie

Einführung in die allgemeine Biologie und ihre philosophischen Grund- und Grenzfragen von *M. Hartmann*. 132 Seiten, 2 Abbildungen. 1956. (96)
Hormone von *G. Koller*. 2., neubearbeitete und erweiterte Auflage. 187 Seiten, 60 Abbildungen, 19 Tabellen. 1949. (1141)
Fortpflanzung im Tier- und Pflanzenreich von *J. Hämmerling*. 2., ergänzte Auflage. 135 Seiten, 101 Abbildungen. 1951. (1138)
Geschlecht und Geschlechtsbestimmung im Tier- und Pflanzenreich von *M. Hartmann*. 2., verbesserte Auflage. 116 Seiten, 61 Abbildungen, 7 Tabellen. 1951. (1127)
Symbiose der Tiere mit pflanzlichen Mikroorganismen von *P. Buchner*. 2., verbesserte und vermehrte Auflage. 130 Seiten, 121 Abbildungen. 1949. (1128)
Grundriß der Allgemeinen Mikrobiologie von *W.* u. *A. Schwartz*. 2 Bände. 2., verbesserte und ergänzte Auflage.
I: 147 Seiten, 25 Abbildungen. 1960. (1155)
II: 142 Seiten, 29 Abbildungen. 1961. (1157)

Botanik

Entwicklungsgeschichte des Pflanzenreiches von *H. Heil*. 2. Auflage. 138 Seiten, 94 Abbildungen, 1 Tabelle. 1950. (1137)
Morphologie der Pflanzen von *L. Geitler*., 3., umgearbeitete Auflage. 126 Seiten, 114 Abbildungen. 1953. (141)
Pflanzengeographie von *L. Diels †*. 5., völlig neubearbeitete Auflage von *F. Mattick*. 195 Seiten, 2 Karten. 1958. (389/389a)

Die Laubhölzer. Kurzgefaßte Beschreibung der in Mitteleuropa gedeihenden Laubbäume und Sträucher von *F. W. Neger †* und *E. Münch †*. 3., durchgesehene Auflage, herausgegeben von *B. Huber*. 143 Seiten, 63 Figuren, 7 Tabellen. 1950. (718)

Die Nadelhölzer (Koniferen) und übrigen Gymnospermen von *F. W. Neger †* und *E. Münch †*. 4. Auflage, durchgesehen und ergänzt von *B. Huber*. 140 Seiten, 75 Figuren, 4 Tabellen, 3 Karten. 1952. (355)

Pflanzenzüchtung von *H. Kuckuck*. 2 Bände.
- I: Grundzüge der Pflanzenzüchtung. 3., völlig umgearbeitete und erweiterte Auflage. 132 Seiten, 22 Abbildungen. 1952. (1134)
- II: Spezielle gartenbauliche Pflanzenzüchtung (Züchtung von Gemüse, Obst und Blumen). 178 Seiten, 27 Abbildungen. 1957. (1178/1178a)

Zoologie

Entwicklungsphysiologie der Tiere von *F. Seidel*. 2 Bände.
- I: Ei und Furchung. 126 Seiten, 29 Abbildungen. 1953. (1162)
- II: Körpergrundgestalt und Organbildung. 159 Seiten, 42 Abbildungen. 1953. (1163)

Das Tierreich
- I: Einzeller, Protozoen von *E. Reichenow*. 115 Seiten. 59 Abbildungen. 1956. (444)
- II: Schwämme und Hohltiere von *H. J. Hannemann*. 95 Seiten, 80 Abbildungen. 1956. (442)
- III: Würmer. Platt-, Hohl-, Schnurwürmer, Kamptozoen, Ringelwürmer, Protracheaten, Bärtierchen, Zungenwürmer von *S. Jaeckel*. 114 Seiten, 36 Abbildungen. 1955. (439)
- IV, 1: Krebse von *H. E. Gruner* und *K. Deckert*. 114 Seiten, 43 Abbildungen. 1956. (443)
- IV, 2: Spinnentiere (Trilobitomorphen, Fühlerlose) und Tausendfüßler von *A. Kaestner*. 96 Seiten, 55 Abbildungen. 1955. (1161)
- IV, 3: Insekten von *H. von Lengerken*. 128 Seiten, 58 Abbildungen. 1953. (594)
- V: Weichtiere. Urmollusken, Schnecken, Muscheln und Kopffüßer von *S. Jaeckel*. 92 Seiten. 34 Figuren. 1954. (440)
- VI: Stachelhäuter. Tentakulaten, Binnenatmer und Pfeilwürmer von *S. Jaeckel*. 100 Seiten, 46 Abbildungen. 1955. (441)
- VII, 1: Manteltiere, Schädellose, Rundmäuler von *Th. Haltenorth*. In Vorbereitung. (448)
- VII, 2: Fische von *D. Lüdemann*. 130 Seiten, 65 Abbildungen. 1955. (356)
- VII, 3: Lurche (Chordatiere) von *K. Herter*. 143 Seiten, 129 Abbildungen. 1955. (847)
- VII, 4: Kriechtiere (Chordatiere) von *K. Herter*. 200 Seiten, 42 Abbildungen. 1960. (447/447a)
- VII, 5: Vögel (Chordatiere) von *H.-A. Freye*. 156 Seiten, 69 Figuren. 1960. (869)
- VII, 6: Säugetiere (Chordatiere) von *Th. Haltenorth*. In Vorbereitung. (282)

Land- und Forstwirtschaft

Landwirtschaftliche Tierzucht. Die Züchtung und Haltung der landwirtschaftlichen Nutztiere von *H. Vogel.* 139 Seiten, 11 Abbildungen. 1952. (228)

Kulturtechnische Bodenverbesserungen von *O. Fauser.* 2 Bände. 5., verbesserte und vermehrte Auflage.
I: Allgemeines, Entwässerung. 127 Seiten, 49 Abbildungen. 1959. (691)
II: Bewässerung, Ödlandkultur, Flurbereinigung. 159 Seiten, 71 Abbildungen. 1961. (692)

Agrikulturchemie von *K. Scharrer.* 2 Bände.
I: Pflanzenernährung. 143 Seiten. 1953. (329)
II: Futtermittelkunde. 192 Seiten. 1956. (330/330a)

Geologie, Mineralogie, Kristallographie

Geologie von *F. Lotze.* 2., verbesserte Auflage. 178 Seiten, 80 Abbildungen. 1961. (13)

Erzkunde von *H. von Philipsborn.* In Vorbereitung. (1207)

Mineral- und Erzlagerstättenkunde von *H. Huttenlocher †.* 2 Bände.
I: 2. Auflage. 128 Seiten, 34 Abbildungen. In Vorbereitung. (1014)
II: 156 Seiten, 48 Abbildungen. 1954. (1015/1015a)

Allgemeine Mineralogie. 11., erweiterte Auflage der „Mineralogie" von *R. Brauns †*, bearbeitet von *K. F. Chudoba.* 152 Seiten, 143 Textfiguren, 1 Tafel, 3 Tabellen. 1963. (29/29a)

Spezielle Mineralogie. 10., erweiterte Auflage der „Mineralogie„ von *R. Brauns †*, bearbeitet von *K. F. Chudoba.* 170 Seiten, 125 Textfiguren, 4 Tabellen. 1959. (31/31a)

Petrographie (Gesteinskunde) von *W. Bruhns †.* Neubearbeitet von *P. Ramdohr.* 5., erweiterte Auflage. 141 Seiten, 10 Figuren. 1960. (173)

Kristallographie von *W. Bruhns †.* 5. Auflage, neubearbeitet von *P. Ramdohr.* 109 Seiten, 164 Abbildungen. 1958. (210)

Einführung in die Kristalloptik von *E. Buchwald.* 5., verbesserte Auflage. Etwa 138 Seiten, 117 Figuren. 1963. In Vorbereitung. (619)

Lötrohrprobierkunde. Mineraldiagnose mit Lötrohr und Tüpfelreaktion von *M. Henglein.* 4., durchgesehene und erweiterte Auflage. 108 Seiten, 12 Figuren. 1962. (483)

Technik

Graphische Darstellung in Wissenschaft und Technik von *M. Pirani.* 3., erweiterte Auflage bearbeitet von *J. Fischer* unter Benutzung der von *I. Runge* besorgten 2. Auflage. 216 Seiten, 104 Abbildungen. 1957. (728/728a)

Technische Tabellen und Formeln von *W. Müller.* 5., verbesserte und erweiterte Auflage von *E. Schulze.* 165 Seiten, 114 Abbildungen, 99 Tafeln. 1962. (579)

Grundlagen der Straßenverkehrstechnik. Theorie der Leistungsfähigkeit von *E. Engel.* 101 Seiten, 55 Abbildungen. 1962. (1198)

Elektrotechnik

Grundlagen der allgemeinen Elektrotechnik von *O. Mohr.* 2., durchgesehene Auflage. 260 Seiten, 136 Bilder, 14 Tafeln. 1961. (196/196a)

Die Gleichstrommaschine von *K. Humburg.* 2 Bände. 2., durchgesehene Auflage.
I: 102 Seiten, 59 Abbildungen. 1956. (257)
II: 101 Seiten, 38 Abbildungen. 1956. (881)

Die Synchronmaschine von *W. Putz.* 92 Seiten, 64 Bilder. 1962. (1146)

Induktionsmaschinen von *F. Unger.* 2., erweiterte Auflage. 142 Seiten, 49 Abbildungen. 1954. (1140)

Die komplexe Berechnung von Wechselstromschaltungen von *H. H. Meinke.* 3. Auflage. 180 Seiten, 120 Abbildungen. 1963. In Vorbereitung. (1156/1156a)

Theoretische Grundlagen zur Berechnung der Schaltgeräte von *F. Kesselring.* 3. Auflage. 144 Seiten, 92 Abbildungen. 1950. (711)

Einführung in die Technik selbsttätiger Regelungen von *W. zur Megede.* 2., durchgesehene Auflage. 180 Seiten, 86 Abbildungen. 1961. (714/714a)

Elektromotorische Antriebe (Grundlagen für die Berechnung) von *A. Schwaiger.* 3., neubearbeitete Auflage. 96 Seiten, 34 Abbildungen. 1952. (827)

Überspannungen und Überspannungsschutz von *G. Frühauf.* Durchgesehener Neudruck. 122 Seiten, 98 Abbildungen. 1950. (1132)

Elektrische Höchstspannungs-Schaltanlagen von *G. Meiners* und *K. H. Wiesenewsky.* 1963. In Vorbereitung. (796)

Transformatoren von *W. Schäfer.* 4., überarbeitete und ergänzte Auflage. 130 Seiten, 73 Abbildungen. 1962. (952)

Maschinenbau

Metallkunde von *H. Borchers*. 3 Bände. 5. Auflage.
I: Aufbau der Metalle und Legierungen. 120 Seiten, 90 Abbildungen, 2 Tabellen. 1962. (432)
II: Eigenschaften, Grundzüge der Form- und Zustandsgebung. Etwa 180 Seiten, 107 Abbildungen, 10 Tabellen. 1963. (433/433a)
III: Die metallkundlichen Untersuchungsmethoden von *E. Hanke*. In Vorbereitung. (434)

Die Werkstoffe des Maschinenbaues von *A. Thum †* und *C. M. v. Meysenbug*. 2 Bände.
I: Einführung in die Werkstoffprüfung. 2., neubearbeitete Auflage. 100 Seiten, 7 Tabellen, 56 Abbildungen. 1956. (476)
II: Die Konstruktionswerkstoffe. 132 Seiten, 40 Abbildungen. 1959. (936)

Dynamik von *W. Müller*. 2 Bände. 2., verbesserte Auflage.
I: Dynamik des Einzelkörpers. 128 Seiten, 48 Figuren. 1952. (902)
II: Systeme von starren Körpern. 102 Seiten, 41 Figuren. 1952. (903)

Technische Schwingungslehre von *L. Zipperer*. 2 Bände. 2., neubearbeitete Auflage.
I: Allgemeine Schwingungsgleichungen, einfache Schwinger. 120 Seiten, 101 Abbildungen. 1953. (953)
II: Torsionsschwingungen in Maschinenanlagen. 102 Seiten, 59 Abbildungen. 1955. (961/961a)

Werkzeugmaschinen für Metallbearbeitung von *K. P. Matthes*. 2 Bände.
I: 100 Seiten 27 Abbildungen, 11 Zahlentafeln, 1 Tafelanhang. 1954. (561)
II: Fertigungstechnische Grundlagen der neuzeitlichen Metallbearbeitung. 101 Seiten, 30 Abbildungen, 5 Tafeln. 1955. (562)

Das Maschinenzeichnen mit Einführung in das Konstruieren von *W. Tochtermann*. 2 Bände. 4. Auflage.
I: Das Maschinenzeichnen. 156 Seiten, 75 Tafeln. 1950. (589)
II: Ausgeführte Konstruktionsbeispiele. 130 Seiten, 58 Tafeln. 1950. (590)

Die Maschinenelemente von *E. A. vom Ende †*. 4., überarbeitete Auflage. 184 Seiten, 179 Figuren, 11 Tafeln. 1963. (3/3a)

Die Maschinen der Eisenhüttenwerke von *L. Engel*. 156 Seiten, 95 Abbildungen. 1957. (583/583a)

Walzwerke von *H. Sedlaczek †* unter Mitarbeit von *F. Fischer* und *M. Buch*. 232 Seiten, 157 Abbildungen. 1958. (580/580a)

Getriebelehre von *P. Grodzinski †*. 2 Bände. 3., neubearbeitete Auflage von *G. Lechner*.
I: Geometrische Grundlagen. 164 Seiten, 131 Figuren. 1960. (1061)
II: Angewandte Getriebelehre. In Vorbereitung. (1062)

Kinematik von *H. R. Müller*. 171 Seiten, 75 Figuren. 1963. (584/584a)

Gießereitechnik von *H. Jungbluth*. 2 Bände.
I: Eisengießerei. 126 Seiten, 44 Abbildungen. 1951. (1159)

Die Dampfturbinen. Ihre Wirkungsweise, Berechnung und Konstruktion von *C. Zietemann*. 3 Bände.
I: Theorie der Dampfturbinen. 4. Auflage. 139 Seiten, 48 Abbildungen. 1963. In Vorbereitung. (274)
II: Die Berechnung der Dampfturbinen und die Konstruktion der Einzelteile. 3., verbesserte Auflage. 132 Seiten, 111 Abbildungen. 1956. (715)
III: Die Regelung der Dampfturbinen, die Bauarten, Turbinen für Sonderzwecke, Kondensationsanlagen. 3., verbesserte Auflage. 126 Seiten, 90 Abbildungen. 1956. (716)

Verbrennungsmotoren von *W. Endres*. 3 Bände.
I: Überblick. Motor-Brennstoffe. Verbrennung im Motor allgemein, im Otto- und Diesel-Motor. 153 Seiten, 57 Abbildungen. 1958. (1076/1076a)
II: Die heutigen Typen der Verbrennungskraftmaschine. In Vorbereitung. (1184)
III: Die Einzelteile des Verbrennungsmotors. In Vorbereitung. (1185)

Autogenes Schweißen und Schneiden von *H. Niese*. 5. Auflage, neubearbeitet von *A. Küchler*. 136 Seiten, 71 Figuren. 1953. (499)

Die elektrischen Schweißverfahren von *H. Niese*. 2. Auflage, neubearbeitet von *H. Dienst*. 136 Seiten, 58 Abbildungen. 1955. (1020)

Die Hebezeuge. Entwurf von Winden und Kranen von *G. Tafel*. 2., verbesserte Auflage. 176 Seiten, 230 Figuren. 1954. (414/414a)

Wasserbau

Wasserkraftanlagen von *A. Ludin* unter Mitarbeit von *W. Borkenstein*. 2 Bände.
I: Planung, Grundlagen und Grundzüge. 124 Seiten, 60 Abbildungen. 1955. (665)
II: Anordnung und Ausbildung der Hauptbauwerke. 184 Seiten, 91 Abbildungen. 1958. (666/666a)

Verkehrswasserbau von *H. Dehnert*. 3 Bände.
I: Entwurfsgrundlagen, Flußregelungen. 103 Seiten, 53 Abbildungen. 1950. (585)
II: Flußkanalisierung und Schiffahrtskanäle. 94 Seiten, 60 Abbildungen. 1950. (597)
III: Schleusen und Hebewerke. 98 Seiten, 70 Abbildungen. 1950. (1152)

Wehr- und Stauanlagen von *H. Dehnert*. 134 Seiten, 90 Abbildungen. 1952. (965)

Talsperren von *F. Tölke*. 122 Seiten, 70 Abbildungen. 1953. (1044)

Vermessungswesen

Vermessungskunde von *W. Grossmann.* 3 Bände.

I: Stückvermessung und Nivellieren. 11., verbesserte Auflage. 144 Seiten, 117 Figuren. 1962. (468)

II: Horizontalaufnahmen und ebene Rechnungen. 9. Auflage. Etwa 133 Seiten, 97 Figuren. 1963. In Vorbereitung. (469)

III: Trigonometrische und barometrische Höhenmessung. Tachymetrie und Absteckungen. 7., völlig neubearbeitete Auflage. 136 Seiten, 97 Figuren. 1960. (862)

Kartographie von *V. Heissler.* 213 Seiten, 125 Abbildungen, 8 Anlagen. 1962. (30/30a)

Photogrammetrie von *G. Lehmann.* 189 Seiten, 132 Abbildungen. 1959. (1188/1188a)

Hoch- und Tiefbau

Die wichtigsten Baustoffe des Hoch- und Tiefbaus von *O. Graf †.* 4., verbesserte Auflage. 131 Seiten, 63 Abbildungen. 1953. (984)

Baustoffverarbeitung und Baustellenprüfung des Betons von *A. Kleinlogel.* 2., neubearbeitete und erweiterte Auflage. 126 Seiten, 35 Abbildungen. 1951. (978)

Festigkeitslehre. 2 Bände.

I: Elastizität, Plastizität und Festigkeit der Baustoffe und Bauteile von *W. Gehler †* und *W. Herberg.* Durchgesehener und erweiterter Neudruck. 159 Seiten, 118 Abbildungen. 1952. (1144)

II: Formänderung, Platten, Stabilität und Bruchhypothesen von *W. Herberg* und *N. Dimitrov.* 187 Seiten, 94 Abbildungen. 1955. (1145/1145a)

Grundlagen des Stahlbetonbaus von *A. Troche.* 2., neubearbeitete und erweiterte Auflage. 208 Seiten, 75 Abbildungen, 17 Bemessungstafeln, 20 Rechenbeispiele. 1953. (1078)

Statik der Baukonstruktionen von *A. Teichmann.* 3 Bände.

I: Grundlagen. 101 Seiten, 51 Abbildungen, 8 Formeltafeln. 1956. (119)

II: Statisch bestimmte Stabwerke. 107 Seiten, 52 Abbildungen, 7 Tafeln. 1957. (120)

III: Statisch unbestimmte Systeme. 112 Seiten, 34 Abbildungen, 7 Formeltafeln. 1958. (122)

Fenster, Türen, Tore aus Holz und Metall. Eine Anleitung zu ihrer guten Gestaltung, wirtschaftlichen Bemessung und handwerksgerechten Konstruktion von *W. Wickop †*. 4., überarbeitete und ergänzte Auflage. 155 Seiten, 95 Abbildungen. 1955. (1092)

Heizung und Lüftung von *W. Körting*. 2 Bände. 9., neubearbeitete Auflage.
I: Das Wesen und die Berechnung der Heizungs- und Lüftungsanlagen. 171 Seiten, 29 Abbildungen, 36 Zahlentafeln. 1962. (342/342a)
II: Die Ausführung der Heizungs- und Lüftungsanlagen. 1963. In Vorbereitung. (343)

Industrielle Kraft- und Wärmewirtschaft von *F. A. F. Schmidt* und *A. Beckers*. 167 Seiten, 73 Abbildungen. 1957. (318/318a)

Sammlung Göschen / Bandnummernfolge

1 Langosch, Der Nibelunge Nôt
3/3a v. Ende, Maschinenelemente
10 Jiriczek-Wisniewski, Kudrun- und Dietrich-Epen
13 Lotze, Geologie
18 Maurer, Hartmann von Aue. Der arme Heinrich
19 Altheim, Römische Geschichte I
20 Hofstaetter, Dt. Sprachlehre
22 Maurer, Gottfried von Strassburg
29/29a Brauns-Chudoba, Allgemeine Mineralogie
30/30a Heissler, Kartographie
31/31a Brauns-Chudoba, Spezielle Mineralogie
35 Treue, Dt. Geschichte von 1648—1740
37/37a Klemm, Anorganische Chemie
38/38a Schlenk, Organische Chemie
39 Treue, Dt. Geschichte von 1713—1806
42 Behn-Hoernes, Vorgeschichte Europas
44 Kresze, Physikalische Methoden in der Organischen Chemie I
45/45a Kresze, Physikalische Methoden in der Organischen Chemie II
47 Fischer-Rohrbach, Arithmetik
51/51a Ringleb, Mathem. Formelsammlung
52 Bieler, Röm. Literaturgesch. I
59 Krahe, Indog. Sprachwiss. I
60 Biehle, Stimmkunde
61 Biele, Redetechnik
64 Krahe, Indog. Sprachwiss. II
65/65a Grotemeyer, Analyt. Geometrie
66 Berneker-Vasmer, Russische Grammatik
70 Nestle-Liebich, Gesch. d. griechischen Literatur I
71 Schulze, Allgemeine und physikalische Chemie I
76 Döring, Einf. i. d. th. Physik I
77 Döring, Einf. i. d. th. Physik II
78 Döring, Einf. i. d. th. Physik III
79/79a Hempel, Got. Elementarbuch
80 Weigert, Stilkunde I
81 Schubert-Haussner-Erlebach, Vierstell. Logarithmentafeln
86/86a Barner, Differential- u. Integralrechnung I
96 Hartmann, Einf. in die allgem. Biologie
99 Hessenberg-Kneser, Ebene und sphär. Trigonometrie
101 v. Wiese, Soziologie
103 Dahrendorf, Industrie- und Betriebssoziologie
104/104a Hofstätter, Sozialpsychologie
111 Hoffmann-Debrunner, Gesch. der griechischen Sprache I
114 Debrunner, Gesch. der griechischen Sprache II
117 Brandenstein, Griechische Sprachwissenschaft I
118/118a Brandenstein, Griechische Sprachwissenschaft II
119 Teichmann, Statik der Baukonstruktionen I
120 Teichmann, Statik der Baukonstruktionen II
122 Teichmann, Statik der Baukonstruktionen III
125 Vossler-Noyer-Weidner, Ital. Literaturgeschichte
128/128a Lausberg, Romanische Sprachwissenschaft I

136 Mahler-Graewe, Physikal. Formelsammlung
141 Geitler, Morphologie der Pflanzen
142 Haack, Darst. Geometrie I
143 Haack, Darst. Geometrie II
144 Haack, Darst. Geometrie III
145 Weimer, Gesch. der Pädagogik
148 Kolms, Finanzwissenschaft I
156/156a Landmann, Philosophische Anthropologie
170 Oehlmann, Musik des 19. Jhs.
171/171a Oehlmann, Musik des 20. Jhs.
173 Bruhns-Ramdohr, Petrographie
174 Schlingloff, Religion des Buddhismus I
180 Böhm, Versicherungsmathematik I
184 Blümcke, Textilindustrie I
196/196a Mohr, Grundlagen der allgem. Elektrotechnik
200/200a Gottschald, Dt. Rechtschreibungswörterbuch
210 Bruhns-Ramdohr, Kristallographie
220/220a Moser, Allg. Musiklehre
221/221a Jander-Jahr, Maßanalyse
222 Hassak-Beutel-Kutzelnigg, Warenkunde I
223 Hassak-Beutel-Kutzelnigg, Warenkunde II
226/226a Hofmann, Gesch. der Mathematik I
228 Vogel, Landw. Tierzucht
231/231a Ehrlich, Gesch. Israels
238 Krahe, Germ. Sprachwiss. I
243 Mahler, Physikal. Aufgabensammlung
247/247a Hofmann-Jander, Qualitative Analyse
250 Lausberg, Romanische Sprachwissenschaft II
252 Vetter, Elektrochemie I
253 Vetter, Elektrochemie II
257 Humburg, Gleichstrommaschine I
264 Lockemann, Gesch. der Chemie I
265/265a Lockemann, Geschichte der Chemie II
270 Kirn, Einführung in die Geschichtswissenschaft
274 Zietemann, Dampfturbinen I
279 Jacob-Hohenleutner, Quellenkunde der deutschen Geschichte I
280 Jacob-Hohenleutner, Quellenkunde der deutschen Geschichte II
281 Leisegang, Einführung in die Philosophie
282 Haltenorth, Säugetiere
284 Jacob-Weden, Quellenkunde der deutschen Geschichte III
318/318a Schmidt-Beckers, Industrielle Kraft- u. Wärmewirtschaft
319 Krug, Australien und Ozeanien
329 Scharrer, Agrikulturchemie I
330/330a Scharrer, Agrikulturchemie II
335 Klug, Fette und Öle
336 Braun-Klug, Seifenfabrikation
342/342a Körting, Heizung und Lüftung I
343 Körting, Heizung und Lüftung II
344 Moser, Musikästhetik
354/354a Valentiner-König, Vektoren und Matrizen
355 Neger-Münch-Huber, Nadelhölzer
356 Lüdemann, Fische
374 Döring, Einführung in die theoret. Physik IV
375 Preller, Geschichte Englands I
389/389a Diels-Mattick, Pflanzengeographie
391 Kolms, Finanzwissenschaft II
394/394a Schilling, Von der Renaissance bis Kant
414/414a Tafel, Hebezeuge
422 Gottschald, Dt. Personennamen
423 Adler-Erlebach, Fünfstellige Logarithmen
432 Borchers, Metallkunde I
433/433a Borchers, Metallkunde II
434 Borchers-Hanke, Metallkunde III

435 Burau, Algebr. Kurven u. Flächen I
436/436a Burau, Algebr. Kurven und Flächen II
439 Jaeckel, Würmer
440 Jaeckel, Weichtiere
441 Jaeckel, Stachelhäuter
442 Hannemann, Schwämme und Hohltiere
443 Gruner-Deckert, Krebse
444 Reichenow, Einzeller
445 Asmus, Physikal.-chem. Rechenaufgaben
447/447a Herter, Kriechtiere
448 Haltenorth, Manteltiere
452 Bahrdt-Scheer, Stöchiometrische Aufgabensammlung
468 Grossmann, Vermessungskunde I
469 Grossmann, Vermessungskunde II
476 Thum-Meysenbug, Die Werkstoffe des Maschinenbaues I
483 Henglein, Lötrohrprobierkunde
492 Stolz-Debrunner, Geschichte der lateinischen Sprache
499 Niese-Küchler, Autogenes Schweißen
500 Simmel, Hauptprobleme der Philosophie
536 Lehmann, Kant
538 Rumpf, Archäologie I
539 Rumpf, Archäologie II
557 Nestle-Liebich, Gesch. der griech. Literatur II
561 Matthes, Werkzeugmaschinen I
562 Matthes, Werkzeugmaschinen II
564 Behn-Hoernes, Kultur der Urzeit I
565 Behn-Hoernes, Kultur der Urzeit II
566 Behn-Hoernes, Kultur der Urzeit III
571 Lehmann, Philosophie des 19. Jahrhunderts I
576/576a Moser, Gesangskunst
579 Müller-Schulze, Techn. Tabellen
580/580a Sedlaczek-Fischer-Buch, Walzwerke
583/583a Engel, Maschinen der Eisenhüttenwerke
584/584a Müller, Kinematik
585 Dehnert, Verkehrswasserbau I
587 Kalitsunakis-Steinmetz, Neugriech.-dt. Gesprächsbuch
589 Tochtermann, Maschinenzeichnen I
590 Tochtermann, Maschinenzeichnen II
594 v. Lengerken, Insekten
597 Dehnert, Verkehrswasserbau II
601 Mutschmann, Engl. Phonetik
619 Buchwald, Kristalloptik
665 Ludin-Borkenstein, Wasserkraftanlagen I
666/666a Ludin-Borkenstein, Wasserkraftanlagen II
668 Knopp, Funktionentheorie I
677 Altheim, Röm. Geschichte II
679 Altheim, Röm. Geschichte III
684 Altheim, Röm. Geschichte IV
691 Fauser, Kulturtechn. Bodenverbesserungen I
692 Fauser, Kulturtechn. Bodenverbesserungen II
698/698a Schulze, Allgemeine u. physikalische Chemie II
703 Knopp, Funktionentheorie II
709 Lehmann, Philosophie des 19. Jahrhunderts II
711 Kesselring, Berechnung der Schaltgeräte
714/714a zur Megede, Technik selbsttätiger Regelungen
715 Zietemann, Dampfturbinen II
716 Zietemann, Dampfturbinen III
718 Neger-Münch-Huber, Laubhölzer
728/728a Pirani-Fischer-Runge, Graph. Darstellung in Wissenschaft u. Technik
735 Ekwall, Historische neuengl. Laut- und Formenlehre
746/746a Pfanzagl, Allg. Methodenlehre der Statistik I
747/747a Pfanzagl, Allg. Methodenlehre der Statistik II
756/756a Kalitsunakis, Gramm. d. Neugriech. Volksspr.

763/763a Beer-Meyer, Hebräische Grammatik I
764/764a Beer-Meyer, Hebräische Grammatik II
768/768a Bieberbach, Einführung in die konforme Abbildung
769/769a Beer-Meyer, Hebräisches Textbuch
770 Schlingloff, Religion des Buddhismus II
776 Kolms, Finanzwissensch. III
780 Krahe, German. Sprachwiss. II
781 Weigert, Stilkunde II
782 Kolms, Finanzwissensch. IV
786 Schulze, Molekülbau
796 Meiners-Wiesenewsky, Elektr. Höchstspannungs-Schaltanlagen
807 Kropp, Erkenntnistheorie
809 Moser, Harmonielehre I
826 Koch, Philosophie d. Mittelalters
827 Schwaiger, Elektromotorische Antriebe
831 Erismann, Allg. Psychologie I
832/382a Erismann, Allg. Psychologie II
833 Erismann, Allg. Psychologie III
834/834a Erismann, Allg. Psychologie IV
837 Baumgartner, Gruppentheorie
845 Lehmann, Philosophie im ersten Drittel des 20. Jhs. I
847 Herter, Lurche
850 Lehmann, Philosophie im ersten Drittel des 20. Jhs. II
851/851a Moede, Psychologie des Berufs- und Wirtschaftslebens
857 Capelle, Griech. Philosophie I
858 Capelle, Griech. Philos. II
859 Capelle, Griech. Philos. III
862 Grossmann, Vermessungskunde III
863 Capelle, Griech. Philos. IV
866 Bieler, Röm. Literaturgeschichte II
869 Freye, Vögel
875 Hofmann, Geschichte der Mathematik II
877 Knopp, Aufgabensammlung zur Funktionentheorie I
878 Knopp, Aufgabensammlung zur Funktionentheorie II
881 Humburg, Gleichstrommaschine II
882 Hofmann, Geschichte der Mathematik III
883 Stuloff, Mathematik der neuesten Zeit
893 Treue, Dt. Geschichte von 1806—1890
894 Treue, Dt. Geschichte von 1890 bis zur Gegenwart
902 Müller, Dynamik I
903 Müller, Dynamik II
910 Jaeger, Afrika I
911 Jaeger, Afrika II
915 Sperber-Fleischhauer, Gesch. der Deutschen Sprache
917/917a Böhm, Versicherungsmathematik II
920 Hoheisel, Gewöhnliche Differentialgleichungen
921 Jantzen-Kolb, W. v. Eschenbach. Parzival
929 Schirmer-Mitzka, Dt. Wortkunde
930 Krull, Elementare und klassische Algebra I
931 Hasse, Höhere Algebra I
932 Hasse, Höhere Algebra II
933 Krull, Elementare und klassische Algebra II
936 Thum-Meysenbug, Werkstoffe d. Maschinenbaues II
952 Schäfer, Transformatoren
953 Zipperer, Techn. Schwingungslehre I
961/691a Zipperer, Techn. Schwingungslehre II
965 Dehnert, Wehr- und Stauanlagen
970 Baldus-Löbell, Nichteuklidische Geometrie
978 Kleinlogel, Baustoffverarbeitung und Baustellenprüfung d. Betons
984 Graf, Baustoffe des Hoch- und Tiefbaues
999/999a Kamke, Mengenlehre

1000 Jaspers, Geistige Situat. der Zeit
1003 Hoheisel, Partielle Differentialgleichung
1008/1008a Mellerowicz, Allgem. Betriebswirtschaftslehre I
1009 Bechert-Gerthsen-Flammersfeld, Atomphysik I
1014 Huttenlocher, Mineral- und Erzlagerstättenkunde I
1015/1015a Huttenlocher, Mineral- u. Erzlagerstättenkunde I
1017 Döring, Einführung in die theoret. Physik V
1020 Niese-Dienst, Elektrische Schweißverfahren
1031/1031a Apel-Ludz, Philosophisches Wörterbuch
1033 Bechert-Gerthsen-Flammersfeld, Atomphysik II
1034 Kranefeldt-Jung, Therapeutische Psychologie
1035 Altheim, Röm. Religionsgeschichte I
1039 Dovifat, Zeitungslehre I
1040 Dovifat, Zeitungslehre II
1044 Tölke, Talsperren
1045 Schubert, Technik des Klavierspiels
1051/1051a Stolberg-Wernigerode, Gesch. d. Vereinigten Staaten
1052 Altheim, Röm. Religionsgeschichte II
1057 Roth, Thermochemie
1059 Hoheisel, Aufgabenslg z. d. gew. u. part. Differentialgl.
1061 Grodzinski-Lechner, Getriebelehre I
1062 Grodzinski-Lechner, Getriebelehre II
1065 Haller-Dannenbauer, Von d. Karolingern zu den Staufern
1070 Sauter, Differentialgleichungen der Physik
1074 Koschmieder, Variationsrechnung I
1075 –, Variationsrechnung II
1076/1076a Endres, Verbrennungsmotoren I
1077 Haller-Dannenbauer, Von den Staufern zu den Habsburgern
1078 Troche, Stahlbetonbau
1082 Hasse-Klobe, Aufgabensammlung zur höheren Algebra
1085 Lietzmann-Aland, Zeitrechnung
1086 Müller, Dt. Dichten und Denken
1088 Preller, Gesch. Englands II
1092 Wickop, Fenster, Türen, Tore
1094 Hernried, System. Modulation
1096 Viëtor, Dt. Dichten und Denken
1099 Hoheisel, Integralgleichungen
1105 Hartung, Dt. Geschichte im Zeitalter der Reformation
1108 de Boor-Wisniewski, Mittelhochdeutsche Grammatik
1109 Knopp, Elemente der Funktionentheorie
1111/1111a Naumann-Betz, Althochdt. Elementarbuch
1113/1113a Strubecker, Differentialgeometrie I
1114 Schubel, Engl. Literaturgeschichte I
1115 Ranke, Altnord. Elementarbuch
1116 Schubel, Engl. Literaturgeschichte II
1117 Haller-Dannenbauer, Eintritt der Germanen in die Geschichte
1121 Naumann, Dt. Dichten u. Denken
1122 Feist, Sprechen und Sprachpflege
1123/1123a Bechert-Gerthsen-Flammersfeld, Atomphysik III
1124 Schubel, Engl. Literaturgeschichte III
1125 Lehnert, Altengl. Elementarbuch
1127 Hartmann, Geschlecht u. Geschlechtsbestimmung im Tier- und Pflanzenreich
1128 Buchner, Symbiose der Tiere
1130 Dibelius-Kümmel, Jesus
1131 Scholz-Schoeneberg, Einführungin die Zahlentheorie
1132 Frühauf, Überspannungen

1134 Kuckuck, Pflanzenzüchtung I
1135 Lehnert, Beowulf
1137 Heil, Entwicklungsgesch. d. Pflanzenreiches
1138 Hämmerling, Fortpflanzung im Tier- und Pflanzenreich
1140 Unger, Induktionsmaschine
1141 Koller, Hormone
1142 Meissner-Lehnert, Shakespeare
1144 Gehler-Herberg, Festigkeitslehre I
1145/1145a Herberg-Dimitrov, Festigkeitslehre II
1146 Putz, Synchronmaschine
1147 v. Waltershausen, Kunst d. Dirigierens
1148 Pepping, Der polyphone Satz I
1152 Dehnert, Verkehrswasserbau III
1153/1153a Mellerowicz, Allgem. Betriebswirtschaftslehre II
1154/1154a Mellerowicz, Allgem. Betriebswirtschaftslehre III
1155 Schwartz, Mikrobiologie I
1156/1156a Meinke, Komplexe Berechnungen v. Wechselstromschaltungen
1157 Schwartz, Mikrobiologie II
1158 Mayrhofer, Sanskrit-Grammatik
1159 Jungbluth, Gießereitechnik I
1160 Dibelius-Kümmel, Paulus
1161 Kaestner, Spinnentiere
1162 Seidel, Entwicklungsphysiologie der Tiere I
1163 Seidel, Entwicklungsphysiologie der Tiere II
1164/1164a Pepping, Der polyphone Satz II
1165/1165a Bechert-Gerthsen-Flammersfeld, Atomphysik IV
1169 Paulsen, Allgemeine Volkswirtschaftslehre I
1170 Paulsen, II
1171 Paulsen, III
1172 Paulsen, IV
1173 Hamann-Funke-Hermann, Chemie der Kunststoffe
1176/1176a Lorenzen, Form. Logik
1178/1178a Kuckuck, Pflanzenzüchtung II
1179/1179a Strubecker, Differentialgeometrie II
1180/1180a Strubecker, Differentialgeometrie III
1181 Franz, Topologie I
1182 Franz, Topologie II
1183/1183a Nicolas, Finanzmathematik
1184 Endres, Verbrennungsmotoren II
1185 Endres, Verbrennungsmotoren III
1186/1186a Mellerowicz, Allgem. Betriebswirtschaftslehre IV
1187 Lau, Luther
1188/1188a Lehmann, Photogrammetrie
1189/1189a Päsler, Mechanik
1190 Stupperich, Melanchthon
1191/1191a Bräuer, Slav. Sprachwissenschaft I
1193 Fürstenberg, Wirtschaftssoziologie
1194 Wendt, Gesch. d. Volkswirtschaftslehre
1195 Ohm, Allgem. Volkswirtschaftspolitik I
1196 Ohm, — II
1197/1197a Onasch, Einf. in die Konfessionskunde der orthodoxen Kirchen
1198 Engel, Straßenverkehrstechnik
1199 Lausberg, Romanische Sprachwissenschaft III, 1. Teil
1200/1200a Lausberg, Romanische Sprachwissenschaft III, 2. Teil
1201/1201a Dehn, Versuche zur allgem. u. phys. Chemie
1202/1202a Nagel, Gesch. des christl. Gottesdienstes
1203 Wendland, Sozialethik
1204 Scheurig, Zeitgeschichte
1205/1205a Hofmann, Ideengeschichte d. soz. Bewegung
1207 Philipsborn, Erzkunde
1208 Lausberg, Romanische Sprachwissenschaft IV
1209/1209a Bock, Therm. Verfahrenstechnik I

Autorenregister

GJG

FSC
www.fsc.org
MIX
Papier | Fördert
gute Waldnutzung
FSC® C083411

Kolibri 360 GmbH
Ferdinand-Jühlke-Straße 7
99095 Erfurt, Deutschland
produktsicherheit@kolibri360.de